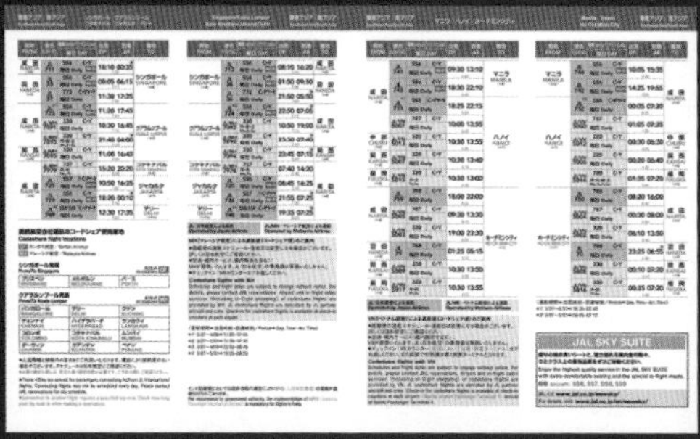

飛行場を飛び立つ航空機。その運航には定時制や快適性はもちろんだが、なによりまず安全性が求められ、これが飛行機ダイヤに大きな影響を及ぼす（上）
日本の北の玄関口、新千歳空港上空。２本の滑走路で数多くの便をさばいていく（中）
航空機の時刻表。その成り立ちや仕組み、運行管理は謎がいっぱいだ（下）

航空機に次々と貨物が積み込まれる（上）
航空機を牽引するトーイング車。「TAXI タイム」と呼ばれる、この地上での走行時間が飛行機ダイヤに大きな影響を及ぼす【本文 51 ページ】（中）
出発を待つ航空機たち（下）

成田国際空港のフライトボード。滑走路2本に対し、11：00同時刻に10本便が出発することになっている。また、数多くの航空機が5分刻みで出発する。空港コードや航空会社コードまで読み分けられるようであれば相当のツウだ【本文24ページ】（上）
出発を待つ人々でごった返す空港内（中）
空港内にある世界各国の時刻を表示している掲示（下）

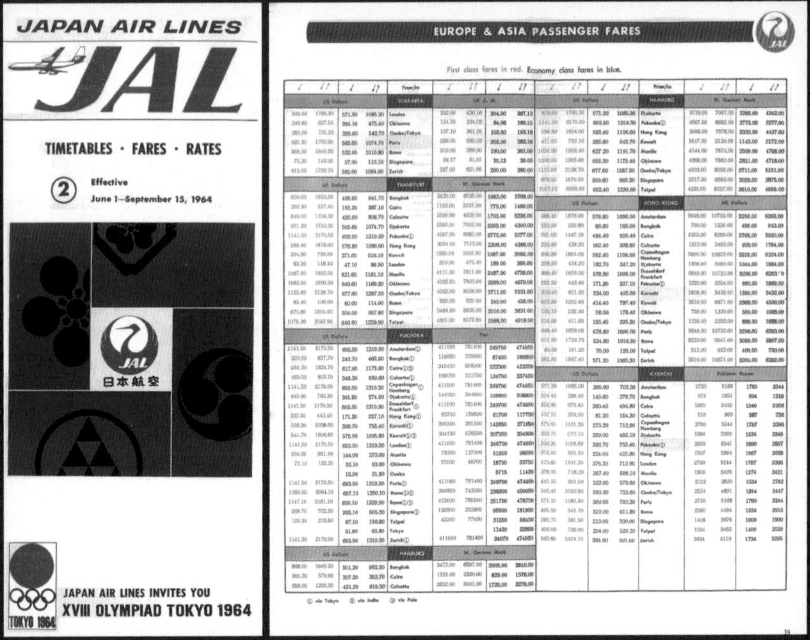

1964 年の東京オリンピック開催時の JAL 時刻表【本文 134 ページ】（上）

1970 年代の JAL 時刻表。表紙は CAL が飾っていた（中）
1980 年代の時刻表は当時活躍していたタレントやアイドルが表紙を彩っていた（下）

交通ブックス 310

杉江 弘

飛行機ダイヤのしくみ

（改訂版）

交通研究協会発行
成山堂書店発売

はじめに

「飛行機ダイヤ」とは一体どのようにして作成されているのか。そして鉄道やバスなどのダイヤとの違いは何か。本書ではこれらの問いに答え、民間航空の運航はどのようなファクター（要因）によって成り立っているのかを解説していきたいと思っている。問いの一つに答えるならば、鉄道のダイヤはいったん設定されたら必ず時刻通りに運行される性格を持っている。これに対し、民間航空では運航の三原則で、安全性、定時性、快適性を掲げていて定時性の確保は安全性の次に重要なポリシーにもかかわらず、出発時刻も到着時刻もそれはあくまでも「目安」でしかなく、パイロットもそれを正確に守って運航しようとしてもできるとは限らない。我が国のある大手の航空会社内ではタイムテーブル（時刻表）で定められた「到着時刻」に対し、20分以内の遅れなら定時到着とする社内のコンセンサスもあるくらいだ。

これまで鉄道のダイヤに関してはいわゆる「スジ」の引き方や時刻表の読み方は多くの出版物でも詳しく解説されてきた。しかし、「飛行機ダイヤ」に係る出版物はあまり見ることもなく、国内線と国際線のダイヤの違いやそれに与える要因などについて実際に運航の現場での経験も踏まえてまとめてみたのが本書である。

なお、今回の改訂版では3章に航空会社内でのダイヤを作成する具体的な作業実態に関する一文を追加、5章には羽田空港の新ルートについての記述を加えた。また、新設の７章では「エアラインランキング」の指標とされる定時出発率と定時到着率の真相と各種エアラインランキングの信頼性について論評、コラム８では超音速機の復活計画について追加させていただいた。

2020 年 5 月

杉江　弘

目　次

第１章　鉄道やバスと大きく異なる飛行機ダイヤ

空港のフライトボードを見ると同時刻に数多くの便が飛び立つことがわかる。たとえば成田空港の午前11時0分には国際線10便前後が同時出発する。しかし、成田空港で離陸に使用される滑走路は長距離便では一本が基本。10便もの航空機が同時に離陸できるわけがない。このように同時刻に出発する航空機は便数こそ異なっているが、国際線、国内線を問わず大空港ではよくある話である。

しかしこのようなことは鉄道のダイヤではありえないことだ。鉄道駅では複数の列車（電車）が同時刻に発車することもあるが、それは方向（目的地）別に異なったホームを使うだけで、時刻は必ずダイヤで決められた定時出発が守られている。そして定時出発といえば鉄道ではたとえ多くの指定席のキップを持った乗客が遅れてこようが待ってくれない。ベルが鳴り終わるとドアは“自動的に”閉まり、発車していく。対して航空の場合はたとえ400人の乗客の一人でも現れなかったり、急にキャンセルしたりすると出発できない。一つにはセキュリティの問題で、その乗客の身元を調べたり、チェックインバゲージを取りおろさなければ安全が保障されない。それには時に数十分の時間を要することになる。二つ目は不搭乗者がまとまった数となると、ウエイト・エンド・バランス・シート（重量分布表）を作成し直す必要が出てくる。

では、到着時刻はどうかといえば、鉄道ではダイヤ通りに着くのが当然とされているが、空では大きく異なっている。これから詳しく説明させていただくが、実に様々な要因により目的の空港への到着時刻は左右される。ダイヤは一応の目安と考えておいたほうがよいだろう。そもそも飛行機ダイヤで定められている出発時刻とは空港ですべてのドアが閉められ、地上の牽引車によって後方に引き出される、あるいは自力で動き出す時刻を指し、滑走路を離陸する時刻ではない。到着時刻も同様で、目的空港のゲートについてパーキングブレーキをセットする時刻とされていて、滑走路に着陸する時刻ではない。ゲートと使用滑走路との間はTAXIといって地上滑走の時間があり、空港ごとや混雑度によって毎回異なってくる時間なのである。このTAXIに要する時間は滑走路に対しての空港内のゲートの位置関係やパイロットがステアリングを行う速度、それに他機との間隔などによって毎回異なってくる。加えて出発準備が整って定刻にゲートを離れようとしても管制官の出発許可がおりないことも日常的によくあることだ。そして晴れてTAXIを開始しても滑走路手前で便が重なれば離陸の順番待ちとなる。前に述べたように、一本の滑走路から同時に複数の航空機は離陸できないので混雑度によって一体いつ離陸できるのかわからない。私の経験でいえばシカゴのオヘア空港などではゲートを離れて実際に離陸できるまで40分前後も要することも珍しいことではなかったぐらいだ。離陸が遅れれば当然到着も遅くなる。まとめると、飛行機ダイヤとは極めてファジーなもので、およそ鉄道のダイヤとは性質を異にすると考えていただきたい。

次にダイヤに影響するものとしてトラブルが発生したら一体乗

客はどこにいうことになるのか。さらに詰めて考えると、命にかかわる運命とは何かということも鉄道と比較して考えておく必要がある。

まず、鉄道やバスそれに航空でも事故により命を落としたり、怪我をすることは原因と確率こそ異なっていても同じようにありえることはいうまでもない。

一般に鉄道で運行中に何かしらのトラブルが発生すると、途中停止や最寄りの駅に停車して安全を確認する。それが長引けばバスで振替輸送となったり、職員の誘導の下、線路に降りて最寄り駅まで歩くことが多い。間違っても元来た駅へ戻ったりはしない。これは法律によって鉄道車両はバックしてはならないことが決められているからだ。もっとも、蒸気機関車が峠で蒸気の出力不足により登れなくなり、いったん後ろに戻って再挑戦するといったことはよくあったが、それは一定の区間に限られた特殊運転であった。

ちなみに、航空機は地上でトーイング（牽引車）によって押し出されることはあっても、自力走行となってからはバックできない。エンジンの逆噴射を使っても後ろには動かないものなのである。一度沖縄の空港で管制官の不適切な指示により、一本の誘導路で２機が鉢合わせになって、驚いた日本航空のジャンボ機の機長が後戻りしようととっさにエンジンを逆噴射しようと手を伸ばしたところ、さすがに航空機同士が「止めてください」と制止した逸話も残されている。

話を戻す。このような理由から鉄道車両は先の駅へ行くことはあっても元の方向には戻らないものである。これに対し航空機の場合は、簡単に出発空港に戻ることが多い。そして鉄道の場合、必ず予定された線路の上に留まるのに対し、航空機はルートから大きく外れ、代替飛行場に飛んでいくことも少なくない。そうなると乗客は航空会社の対応の仕方によってはその場で「放り出され」、その後は各自でそれからの旅の方法や交通手段を考えなくてはならない。一般に天候の理由で代替空港に向かったり、出発空港へ戻ったりした場合には、航空会社には責任がなく、次の便を手配したり、ホテルを確保したりする必要がないことが航空約款に記載されていて、外国の航空会社の中にはそれに基づいて一切の協力をしてくれないこともあるので、それらを知った上で航空会社を選んだほうがよいこともある。

次に航空機は代替空港ならまだしも、時に海に着水したり胴体着陸することもあるのが鉄道と異なるところである。2009 年 1 月にニューヨークで起きたバードストライクによって US エアウエイズ機がハドソン川に着水したいわゆる「ハドソン川の奇跡」は記憶に新しい事故である。また、2014 年 3 月に発生したマレーシア航空 370 便は、いまだに行方不明のままである。このようなことも鉄道では起こりえないだろう。

そしてさらにおそろしいことは、乗客を乗せた航空機がミサイルで撃破させられる可能性があることだ。これは 2014 年 7 月にウクライナ上空で地対空ミサイル、ブークによって誤って撃墜されたマレーシア航空 017 便の件だけを指しているのではない。2001 年のアメリカの同時多発テロ事件以降、アメリカ上空で仮に民間航空機がハイジャックされホワイトハウスやペンタゴンに向かっていくような場合は全米 3 つの区域を所轄している軍司令官の命令によって戦闘機あるいは地対空ミサイルによって爆破してもよいことになったのである。このようなことは鉄道ではまずありえないことであろう。航空機に乗ることはトラブルの内容によっては目的地が予想だにしない空港や海上に変更させられることがあるだけでなく、人為的に爆破されて命を失うことも覚悟しなくてはならないのである。

さて、こうして考えてくると航空機の運航は鉄道よりもむしろバスの運行のほうに似ている傾向があるともいえよう。バスはターミナル駅の出発はいつも定時ではあるが、いったん発車した後は渋滞や、よく観察すると運転手の運転のテクニックや考え方で走行時間は変わってくる。結果、最終目的地への到着は大きく遅れることも少なくない。実は後に詳しく述べるが、航空機の運航はパイロット個人の考え方やテクニックでかなり飛行時間が変わってくるのである。ちなみに鉄道では走行の仕方は細かく決められていて中央指令所からその都度指示が出されるので運転士の裁量は限られている。

しかしバスの運行と航空機の運航の違いは、バスはいったん発車した後、大体は予定の道路から大きくずれたりしないので、場所を特定できるし、乗客は途中で降りたりすることもできる。それに対し、航空機ではそうはいかないことが多い。加えて、航空機は自然の影響の中でも、日常的に風の影響があまりに大きく、風が到着時刻を左右することも特徴である。

COLUMN ❶

米国での同時多発テロ勃発時に飛行中の話

奇遇なことに私は2001年9月11日に米国で同時多発テロが発生したまさにその瞬間成田を飛び立ったばかりであった。しかもこれから米国領のグアム島方向に向けて飛行中。果たして上空通過は許されたのか当時を振り返ってみたい。当日私は成田発シドニー行きの772便に乗務。定刻の夜21時15分に出発して高度10,000mの巡航に移っていたときのことである。

たまたま必要な情報を得るため、NHK夜10時のラジオにチューニングすると、ちょうど事件がリアルタイムで放送され始めていた。最初、飛行機が1機ニューヨークの貿易センタービルに「衝突」したと。続いて数分後、もう1機も「衝突」したと報じた。この時点では日本国中の誰も、それが事故でなくテロであり、しかもアルカイダの仕業といい切った人はいなかったかもしれない。しかし、私は「犯人はウサマ・ビンラディンだよ」とコックピットで他のクルーに説明したのであった。それはたまたま私が今日も含めてイスラム過激グループのテロは1979年のアフガニスタンへ旧ソ連と米国が軍事介入したことに始まっていた歴史に関心を寄せていたことによる。しかも、フライトに出勤する当日の昼に、アフガニスタンで対ソ連戦などを経て国民的英雄であったムジャヒディンのマスード司令官が暗殺されたというニュースを聞いていたからであった。私は近いうちに何か起こると察知して家を出ていた。マスード司令官と対立していた原理主義力のタリバンやアルカイダの動向も気になっていた。

ひょっとしてニュースの第一報を受けて、犯人をウサマ・ビンラディンと「特定」したのは日本人で私が最も早かったかもしれない。証人はそのときコックピットに一緒にいた２人のパイロットである。

その後、アメリカ当局が出した航空機の飛行禁令に伴い、夜間日本から出発していた国際線の日本の航空機にも全機日本への引き返しの指示が出されたのだが、各便のパイロットは何も理由を伝えられずに、ただ引き返せというものだった。それぞれの便の乗務員は無線で互いに何が起こったのだろうと話し始めていた。上空での超短波無線は1,000km くらいまで届くので、ハワイ行きの便、グアム行きの便、ロサンゼルス行き、それに私のシドニー行の便などで、特定周波数を用いての会話になったのである。そこで私は同僚たちに「原因はたぶんイスラム過激グループのテロであろう」と伝えたのであった。ある機長が「杉江さんは、なんでそんなことわかるの？」というメッセージを送ってきたのを覚えている。

さて、そのようにして米国本土はもちろんのこと、ハワイやグアムといった米国領上空もただちにすべて飛行禁止空域に指定されたので、それらに向かっていた航空機は理由も告げられることなく日本などに引き返すことになった。しかし、たまたま私の便はグアム空域を通るもののすぐにそこを離れ、オーストラリア方向に飛ぶので、間一髪で許可され無事にシドニーへと向かうことができた。無線で米国の管制官はしきりにグアム島の国際空港へ向かう便に対し「現在なら着陸だけは許可するが、再出発は許可できない」と警告した。ちなみに私の機がグアム領空を通過した直後、一切の上空飛行も禁止され、幸運にも私の便だけが目的地に飛べたことになった。

そしてシドニー到着の2時間前には朝食のサービスが始まったのであるが、深夜フライトでもあり、ぐっすり眠っていた乗客の皆さんはインターネットも使えず事態を知る由もなかった。そこで私は到着のインフォメーションに加え、「アメリカではどうやら大変なテロが発生し、航空便はすべてストップされ出入国も簡単ではない模様です」とアナウンスした。また、乗客の中にはオーストラリアからさらに米国や他の国へ旅行する予定の方もいると判断して到着したらオーストラリアも大変なことになっているので情報を入手されるようにと促した。成田を出発して何事もなく食事を取ってから休んでいた乗客はアナウンスに一様に何事が起ったのか、これからどうなるのかと不安げにCAたちに質問を投げかけたと報告を受けたのを覚えている。あれから6年。私は貨物便の乗務でニューヨークに滞在し、事件の現場となったグランドゼロに立ち、犠牲者の冥福をお祈りさせていただいたが、どうしても当時のシドニー便がフラッシュバックするのであった。

第２章　“運航”と“乗務”、２種類のダイヤを使い分ける

飛行機ダイヤは大きく分けて一般旅客用に向けた運航ダイヤ、つまりタイムテーブルに書かれた営業用のダイヤと、乗務員などに向けて設定されている乗務ダイヤとに分かれている。乗務ダイヤは各航空会社の社内用のものであるが、会社によってはこれも区別しないで同じダイヤを使っていることも少なくない。

では、乗務ダイヤについて説明しておきたい。一般に飛行機ダイヤには、このように２種類あることは知られていないが社内用に使われる乗務ダイヤとは、ひとえに社員の労働条件に係っているものである。というのも、特にパイロットたち乗務員の給与は基本給と実乗務時間にリンクする乗務手当の合算で構成されていて乗務手当の基礎となる乗務時間の大小は生活に直結する大きな要素となっている。そこで労使間で運航ダイヤとは別に路線別に夏と冬の乗務ダイヤを決めて会社が営業目的で決める運航ダイヤより短くなって給与が低くならないようにしている。乗務ダイヤをどのようにして決めるかは会社によっても異なるが、日本航空の場合、過去何年かの実績の８割をカバーできるブロックタイム（20 ページ参照）を採用することなどと労使がルールを決めている。一方、社外向けに発表し、タイムテーブルに表示される運航ダイヤは他社との競合上、ブロックタイムが短く設定されることもありえるが、それはパイロットの給与の算定の基礎データにもならないため、組合側からしてみれば、会社の都合で好き

なように設定を許している側面がある。このため、運航ダイヤは別名「セールスダイヤ」とも社内で呼ばれていることもある。両者の関係をまとめると、乗務ダイヤは運行ダイヤと同一かそれを必ず上回る設定になっているといえよう。

さて、一般に航空会社が利用者に提供しているこのタイムテーブル（時刻表）を知るには次の方法がある。

1. 各社のホームページから検索する
2. 航空会社の支店やカウンターで入手する（無料）
3. 市販の時刻表を見る。あまり知られていないが、市販の時刻表には鉄道のほか、バスやフェリーなどとともに空に時刻表も掲載されているものがあり、国際線が載っているものもある。
4. 世界中の航空便のタイムテーブルを知るには「OAG」を機内または支店で借りて見る。OAG（旧 ABC）は英国の旅行・運輸業界を専門に各種情報の管理と配信をしている会社で航空の時刻表の出版は 1929 年と長い歴史がある。「OAG」は 1 冊の分厚い本の形になっているが、ほかにヨーロッパ／アフリカ／中東の時刻表（英語版）や、アジア太平洋（英語版）も発行しており、特に前者にはすべてのフ

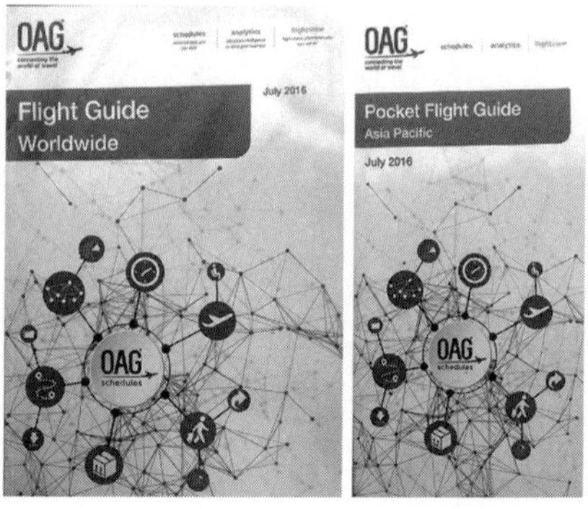

図 2-1　OAG の全世界版（左）とアジア太平洋版（右）

ライトのターミナル間の乗継時間が記されている。大きさもポケットサイズと使いやすく、巻末には旅行に関する情報も掲載されている。また、「OAG フライト」というオンラインの検索サービスや、CD-ROM 版の時刻表もある。

5. 貨物便も知りたい方には、月刊「FUJI AIRWAYS GUIDE」（フジ・インコーポレーテッド）という旅行業界や航空会社向けの時刻表がある。

図 2-2　1964 年から 50 年以上発行され続けている FUJI AIRWAYS GUIDE。時刻表だけでなく読み物やニュースも充実

COLUMN ❷

あと１分で東日本大震災の中へ

そのとき、私はジェイエアでエンブラエル E170 に乗務して宇部空港から羽田空港に向けて誘導路を TAXI し、離陸の許可を得てまさに滑走路に進入する直前だった。

「離陸許可はキャンセル。羽田空港はクローズされている」との管制官からの指示があった。理由を尋ねるもよくわからないので会社側と連絡を取ってほしいという回答なので、とりあえずゲートに戻り、情報がかなり混乱しているようなので、私はいったん乗客に機から降りてもらい空港の待合室で待機してもらうことにした。地上の職員に聞いても皆わからないという返事ばかりなので、私は乗客の集まるターミナルビルに急いで向かうことにした。そこにはテレビがあり、いずれかの情報が得られるかもしれないと思ったからだ。そこでテレビはまさに津波が海から陸へと押し寄せ、家屋やビルを押しつぶして陸へと向かっているのを中継していて一瞬これは本当に今の姿なのかと目を疑ったものである。たまたま中継の画面は仙台空港付近に津波が押し寄せ、駐機していた小型機を押し流し、ターミナルビルまで浸水していくところであった。仙台空港といえば日本航空入社後1年間を訓練で過ごしたところで、大きな被害にあった閖上《ゆりあげ》地区も訓練で管制官に必ず報告する地点であったために地理は知り尽くしている。それらの地域全体が津波で流されているのを見て、改めてこれはただ事ではないと感じた。テレビ画面をよく見ると、10m の津波警報が出ている。そしてなんと瀬戸内の自分が今いる宇部にも 50cm の津波警報が出されているではないか。とっさに会社のオペレーションルームに降りて避難はどうなっているのかと質問した。宇部空港は海に面していてオペレーションルームの標高もほぼ海面と同じだからだった。しかし皆平気で仕事を続け、情報の収集に大忙しであった。

さてこのときの私のフライトは震災とは別に記念すべきイベントであったのである。当日は朝早く伊丹から山形空港へ飛び、いったん羽田空港に戻り、それから山口宇部空港を往復する 4LEG（レグ）を飛ぶ、密度の濃い1日であった。そして当日のフライトの副操縦士はシンガポールでのシミュレーター訓練やOJTと呼ばれる実乗務訓練を私が担当した女性訓練生の初フライトなのであった。晴れて副操縦士に昇格しての初フライトはパイロットにとって夢が実現した記念すべき瞬間だ。そして当便の機長を私が勤めるのもスケジュール的に全く偶然で、これまた奇遇が重なったのである。私は知らなかったのであるが最初のフライトは私が操縦して山形空港へ到着したのだが、彼女の母親が郷里の鹿児島から前日に先回りして山形から羽田まで乗客として搭乗するという。ゲートに行くと制服姿の娘を見て言葉にならない母親がいたので「立派になられましたよ」と声を掛け、中に入っていただいた。次の羽田までのフライトはせっかくだから彼女に操縦してもらい、機内アナウンスまで担当してもらった。

「……私事ではありますが、私にとって本日が初フライトになりました」と、マニュアル型の飛行情報に加えて挨拶も忘れなかったのは、やはり度胸があるなと感心したのであるが、その後、母親を乗せた便は羽田のD滑走路に彼女自身の操縦で着陸して母親は別の便で鹿児島へ帰るというので、別れの会話を交わしたものである。

そして羽田からの宇部行きのJAL1645便は14時16分に到着、宇部から帰りの1644便は、いったん14時44分にゲートを離れたものの大地震がその２分後に発生し、羽田空港も一時閉鎖となったために、15時12分にゲートに引き返した。これがフライトログブックからの記録である。夕刻になり、羽田空港は異常がないことがわかり空港がオープンされたものの日本航空も多くの便が欠航となった。しかし我々の1644便はどうしても飛ばせるとの方針で18時17分に再出発となった。乗客はすでに半分に減っていたが無理もないだろう。そして19時45分当該機は約3時間半遅れで羽田空港に到着したのだが、途中、房総半島は停電で真っ暗、反対に千葉県の市原製油所からの大火災で真っ黒な煙が太平洋まで伸び、東京湾は火で照らされ、まるでこの世のものとは思えない光景であった。このようなときこそ冷静にと何とか着陸を果たせたが、その後がまた一大事であった。羽田空港のターミナルビルの中は人で溢れ、我々クルーが通るのも一苦労であった。すでにタクシー乗り場は長蛇の列で車も一歩も進まない状態であった。ただ幸か不幸か、我々クルーをピックアップする車はずいぶん前からターミナルの中にいたこともあって、しばらくすると見つけることができた。しかし普段なら大井町のビジネスホテルまで約20分のところを3時間もかかり、夜の11時ごろに到着した。そして車内で心配していたとおり、エレベーターは止まっていて22階のロビーまで着替えの荷物とクルーバッグを持って階段を上り、それからまた数段上の部屋にたどり着いたころにはもうヘトヘトであった。食べるものはなかったが、何とか水は持っていたので休むことはできたが、刻々と伝ってくる津波の被害になかなか眠ることはできなかった。

振り返って、山口宇部空港でタッチの差で離陸していたらその後はどうなっていたのかといろいろな結末を想像してしまうのである。ともあれ、3月11日はこのような1日であったが、会社としては翌日の朝からのフライトは予定通り飛ばすというので、半信半疑で床に就いたものであった。翌12日は朝9時から南紀白浜を往復して福岡にDH（便乗）で移動する勤務。こんなときにお客様がいるのかと思ったが十数名の搭乗があった。12日からの羽田空港はじめ南紀白浜、それに福岡空港と行くところはまるで何もなかったかのように我々のフライトが続けられたのであった。東日本大震災から2016年3月11日で5年を経過した。この間、私自身、大震災のあった年の10月5日に43年間のラストフライトを無事故で一人の乗客も怪我させることなく終了でき、現在では長年の航空安全の研究と経験を活かして少しでも航空の「安全文化」の向上につながればと思い、テレビなどでいかなる利害関係に流されることなく真実を追求して事故の再発防止に努めさせてもらっているが、震災の復旧や被害者の生活はほとんど変わらず、原発も何事もなかったかのように時を止めているのを見ると、胸が痛む思いである。

仙台空港隣の閖上《ゆりあげ》地区の半年後の風景

第３章　飛行機ダイヤの作り方

運航ダイヤ（以降、単にダイヤと呼ぶ）とは一体どのようにして決められているのか。例えば日本航空と全日空の羽田から伊丹行きの便を比較しても時間帯によって同一機材によっても５分以上の差が見られるのはどうしてなのか。利用者からすればより速い便のほうがよいに決まっているので航空会社のほうで“不当に”ダイヤを設定すれば競争原理によって飛行時間は短縮されはしないものか。国際線においてもヨーロッパのパリやロンドンといった需要の多い都市に向かう便でダイヤ上12時間と表示されるのと、例えば10時間50分と表示されたら一体どうなるのか、疑問は尽きないだろう。

表 3-1　JAL と ANA のダイヤ（2020 年 3 月 29 日）
出発［東京］羽田空港　　到着［大阪］伊丹空港

航空会社・便名	出発	到着
NH985	06：25	07：30
JL101	06：30	07：35
NH13	07：00	08：05
JL103	07：20	08：25
NH15	08：00	09：05
NH17	09：00	10：10
JL111	09：30	10：35

(1) 飛行機ダイヤは航空各社が独自に決定

しかし、結論から先にいうとダイヤは航空会社の自由に任されている。国交省が決めた何らかのルールやIATA（国際航空運送協会）などによって左右されることはないのである。航空会社は往復別の路線距離、風向き、風速、使用機材の巡航速度などから正味の飛行時間（滑走路から離陸して着陸するまで）を算出する。そして今度は空港別、時間帯の混雑度などからTAXI（地上滑走）時間を加味して実際に出発ゲートから到着ゲートまでにかかる実フライトタイムを算出する。この時間をブロックタイムと呼んでいる。そして最後に航空会社ごとに利用客の需要動向や機材の使い方、それに乗務員の運用効率などから最もよい出発時刻や到着時刻を設定する。この場合、乗継や到着時刻の利便性から逆算して出発時刻を決めることもある。このようにして決定されるダイヤは航空会社によって月別や数か月ごとにタイムテーブルとして公表されている。

ではダイヤは一体誰がどのような議論を重ね決定するのかその一例を見てみよう。

日本航空の場合、今日のようにJALビルがない時代、新橋駅近くのとあるビルの会議室を借りて夏期と冬期のダイヤが協議、決定されていた。出席者は主にディスパッチャーたちが所属する航務部と営業担当部それにパイロットの勤務に係る勤労部の職員たちだ。話し合いのベースになるのは各路線の前年の飛行時間を月別に細かく集計したものである。次に季節ごとに、前年実績の約8割をカバーできる路線ごとの飛行時間を計算する。それに使用機材の変更が予定されていればプラスマイナスの修正を加える。例として新しいダイヤがそれまで巡航速度がジャンボジェットのマッハ0.84から経済性重視のマッハ0.82といった機材に変更になるのであれば、仮に9時間の飛行時間なら約15分の延長を行う必要がある。営業サイドからは集客数や客層をにらんで最も収益があがる機材を求めるという立場がある。そこでは仮に飛行時間が 15 程延長されようが逆に短くなってもあまり問題とはならない。しかし 9 時間を 1 分でも超える飛行時間となると勤労部としては労使協定上交代乗員として新たに機長を 1 名（以前の航空機なら航空機関士も 1 名追加）追加してシングル編成からマルチ編成としなければならなくなるので大問題となる。編成が変わると乗員のやりくりやステイ先のホテル、出張旅費にも影響がでるので可能な限り少ない乗員でのダイヤを希望する立場なのだ。

このように時にそれぞれの部門の利害がぶつかる中、最終的に各本部の責任者によって機材と飛行時間が決定されることになる。と同時に各空港での出発時刻と到着時刻がこれもやはり各部門の要求によって調整される。営業サイドとしては利用者の人種、ビジネスか観光かといった客層、他社との競合それに次便との乗り継ぎといった要素から要求が出され、勤労サイドからは乗員の宿泊時間数からの要望等も出され調整が計られることになる。

こうして国際線ではまず主要路線の夏期と冬期のダイヤが決定されるのであるが、後に述べるように夏期ダイヤと冬期ダイヤが切り替わる前後約 1 か月は上層風の影響でダイヤ通りの運航が物理的に難しい日々も多くなるので乗り継ぎ便のダイヤにも注意が向けられる。乗り継ぎに余裕のあるダイヤと乗り継ぎ客を空港であまり待たせてはならないという営業上の利害が相反することも発生し、微妙な調整が必要となってくるのである。

(2) 5分刻みの日本や各国、分刻みのアメリカ

鉄道やバスのダイヤは分単位で表示されるのが当たり前となっている。これは世界中のどの国でも同じといってよい。しかし飛行機ダイヤとなるとキリのよい5分単位で表示されるのが一般的である。これは英国やドイツ、それにフランスの超過密路線でも同じである。しかし唯一、米国の一部の過密路線では分単位で表示されている。そこまで細かく時刻を設定するのには空港の発着枠や航空会社間の競争原理などが背景にあると思われるが、計算の根拠がどのようなものは定かでない。いずれにしても分単位で出発時刻や到着時刻がダイヤとして使われると利用者にとってもチェックイン時刻の計算など、複雑な計算が必要となってくるので子どもや年配者にとっては搭乗をミスしたりするトラブルに気を付けなければならないだろう。以下は、米国と英国の過密路線でのダイヤの例である。米国ではJFK(ニューヨークのジョン・F・ケネディ国際空港)からシカゴのオヘア国際空港に向かう便、英国ではロンドンのヒースロー空港からマンチェスター行きの便を紹介する。

(3) ICAOとIATA、統一ルールを決める2つの機関

航空機の運航上の「ルール」は国連の航空部門であるICAO(International Civil Aviation Organizationの略。国際民間航空機関のことで、日本語ではイカオあるいはアイカオと呼ばれている)によって決められている。ICAOは国連経済社会理事会の専門機関の一つで、本部はカナダのモントリオールに置かれている。

表3-2　JFK（ニューヨーク）—シカゴ時刻表（2016年5月）
ジョン・F・ケネディ国際空港（JFK）発

便名/航空会社	出発	到着	所要時間	運航日	機種
B6905 ジェットブルー	08：20	10：10	2時間50分	月火水木－－日	A320
	06：20	07：57	2時間37分	毎日	A320
VS4881 ヴァージン・アトランティック航空	06：30	08：08	2時間38分	月火水木金－日	Canadir Regional Jet900
AA2181 アメリカン航空	07：30	09：16	2時間46分	－火－－－－－	737-800
AA2296 アメリカン航空	07：30	09：16	2時間46分	－火水木金土－	737-800
	08：59	10：50	2時間51分	－－－－－－日	757
	08：59	10：50	2時間51分	月－－－－－－	757
BA2492 ブリティッシュ・エアウェイズ	07：30	09：16	2時間46分	－火水木金土－	737-800
	08：59	10：50	2時間51分	月－－－－－日	757
DL4023 デルタ航空	09：00	10：53	2時間53分	月火－－金－－	Canadir Regional Jet900
	09：00	10：53	2時間53分	月火水木金－日	Canadir Regional Jet900
	09：10	10：59	2時間49分	－－－－－土－	Canadir Regional Jet900

表3-3　ヒースロー（ロンドン）—マンチェスター時刻表（2016年5月）
ジョン・F・ケネディ国際空港（JFK）発

便名/航空会社	出発	到着	所要時間	運航日	機種	詳細
BA1382 ブリティッシュ・エアウェイズ	06：45	07：50	1時間5分	月－水－－－－	A321	～05/16
	06：45	07：50	1時間5分	－火－木金－－	A320	05/12～05/17
	06：45	07：50	1時間5分	－－水－－－－	A319	05/18～05/18
	06：45	07：50	1時間5分	－－－木－－－	A321	05/19～05/26
	06：45	07：50	1時間5分	月火水－金－－	A320	05/20～05/27
	06：45	07：50	1時間5分	月火－－－－－	A319	05/30～05/31
AA6389 アメリカン航空	08：05	09：05	60分	月－水－－土日	A320	～05/16　機材：BA
	08：05	09：05	60分	－火水木金－－	A319	05/12～05/20　機材：BA
	08：05	09：05	60分	月火－－－土日	A320	05/21～05/29　機材：BA
	08：05	09：05	60分	－－水－－－－	A321	05/25～05/25　機材：BA
	08：05	09：05	60分	月－－木金－－	A319	05/26～05/30　機材：BA

現在の加盟国は189（2006年）になる。歴史的には1944年にシカゴで開催された国際民間航空会議において、国際民間航空条約（シカゴ条約）が作成され、1947年4月に同条約に基づいて国連の専門機関の一つとして発足したものである。

ICAOの目的は国際民間航空の原則および技術を発達させ、ならびに国際航空運送の計画および発達を助長することとあるが、具体的には民間航空機が飛ぶ上での航行規則や航空図、飛行場の運用などに係るあらゆる情報を条約および附属書（ANNEX）、航空業務方式（PANS）、それに地域補足手続（SUPPS）などを刊行物の形として周知させているものである。

しかし、ICAOは各国に「ルール」を強制するものではなく、罰則もない。各国はそれを基に航空法や航空法施行規則といった形で法制化し、航空従事者はそれに従うことになる。そして違反した場合は、それらの法律で定められた罰則が適用される。

つまり、ICAOの定めたルールはある意味、このようにすれば航空輸送事業がうまくいきますよといった「オススメ品」と解釈していただけるとよい。近年パイロット社会でもいわゆる「ICAOルール」に基づいてフライトしないと違反行為とみなす、あるいはパイロットを審査する立場の人間もなかには、この「ICAOルール」から外れた操縦をすると不合格にすべきと考える者もいる。しかしそれは誤った認識であるといっておきたい。ここでICAOが使用するコードを説明しておきたい。コードは空港、航空会社それに機種ごとにつけられ、世界の空港を表すコードの一例を紹介すると、羽田空港は「RJTT」、成田空港は「RJAA」、関西空港は「RJBB」という具合である。コードは4桁となっていて主にパイロットや管制官が使うもので、気象情報にも適用される。一方、次に説明するIATAでは空港を表わすのに際し3桁コードを用いる。たとえば都市別には「TYO」（羽田や成田など都市圏のすべてを含む）、そして空港別に羽田は「HND」、成田は「NRT」、関西は「KIX」などとなっている。

ICAO が国連の一機関であるのに対し、航空業界（航空会社、旅行代理店、その他）のための団体が IATA（International Air Transport Association の略で国際航空運送協会のこと。日本語ではイアタあるいはアイアタと呼ばれている）である。設立は 1919 年、オランダのハーグで、戦時中は一時キューバのハバナに本拠地を置いていたが、その後カナダのモントリオールとスイスのジュネーブが本拠地となり、会員数は 250 社を超える。しかし、1980 年代以降は航空運賃を均一にするなど、高止まりのカルテルを組む組織とも批判が出て、新興航空会社や LCC（格安航空会社）の中には加盟していないところも多い。

IATA の業務は業界団体の利益の調査や各種のコードの統一などを通して利用者の安心と利便性を向上させるものである。具体的には、以下のような項目を論議してポリシーを確立し、標準的な航空約款を決めて加盟航空会社間でトラブルへの対処などに差異が生じないようにしている。

・空港スロット
・航空のメリット
・料金、経済規制
・商業燃料方針
・消費者保護
・環境方針
・インフラストラクチャの問題
・国際条約
・手に負えない乗客

・新しい配布機能

・スマートな規制

・セキュリティ

・安全性の問題

・課税

また、IATAではICAOと同じように加盟各社共通の統一コードを使用する。その分野は以下のようなものがある。

①空港（IATA airport code）

3文字のコード。成田国際空港はNRT、シンガポール・チャンギ国際空港はSINなど。

②航空会社（Airline designators）

2文字からなるコード。日本航空はJL、シンガポール航空はSQなど。アルファベット2文字、またはアルファベット1文字＋数字1文字で表わされる。

③機種（IATA aircraft type designator）

機種に付けられる3文字のコード。エアバスA320は320、ボーイング747-400は744など。ちなみに、ICAOコードではエアバスA320はA320、ボーイング747-400はB744となる。

④国

ISO（国際標準化機構）によって発行されている、2文字からなる国名コードがそのまま用いられる。日本はJP、アメリカはUS、中国はCNなど。

⑤通貨

ISOによって発行されている、3文字からなる通貨コードがそのまま用いられる。

表 3-4　空港コード

IATA	ICAO	空港名	国名
JFK	KJFK	ジョン・F・ケネディ国際空港	アメリカ
LAX	KLAX	ロサンゼルス国際空港	
ORD	KORD	オヘア国際空港	
HNL	PHNL	ホノルル国際空港	
LHR	EGLL	ロンドン・ヒースロー空港	イギリス
CDG	LFPG	パリ＝シャルル・ド・ゴール空港	フランス
OSL	ENGM	オスロ空港	ノルウェー
SYD	YSSY	シドニー国際空港	オーストラリア
HKG	VHHH	香港国際空港	中国
ICN	RKSI	仁川国際空港	韓国
HND	RJTT	羽田空港	日本
NRT	RJAA	成田空港	
KIX	RJBB	関西空港	
NGO	RJGG	中部国際空港（セントレア）	

表 3-5　航空会社コード

IATA	ICAO	会社名	国名
UA	UAL	ユナイテッド航空	アメリカ
DL	DAL	デルタ航空	
BA	BAW	ブリティッシュ・エアウェイズ	イギリス
CL	DLH	ルフトハンザドイツ航空	ドイツ
EK	UAE	エミレーツ航空	アラブ首長国連邦
SQ	SIA	シンガポール航空	シンガポール
QF	QFA	カンタス航空	オーストラリア
NZ	ANZ	ニュージーランド航空	ニュージーランド
CX	CPA	キャセイパシフィック航空	香港
JL	JAL	日本航空	日本
NH	ANA	全日空	
7G	SFJ	スターフライヤー	
MM	APJ	ピーチ・アビエーション	
HD	ADO	エアドゥ	

表 3-6　国名コードと通貨コード

国名コード	国・地域	通貨コード	通貨名
US	アメリカ合衆国	USD	アメリカ合衆国ドル
CA	カナダ	CAD	カナダ・ドル
AU	オーストラリア	AUD	オーストラリア・ドル
BR	ブラジル	BRL	レアル
―	欧州連合（EU）	EUR	ユーロ
GB	イギリス	GBP	UK ポンド
CH	スイス	CHF	スイス・フラン
CN	中華人民共和国	CNY	人民元
KR	大韓民国	KRW	ウォン
JP	日本	JPY	円

表 3-7　地域コード

コード	地域・国名
AFR	アフリカ
CAR	カリブ海諸国
CEM	中央アメリカ
EUR	ヨーロッパ
TC1	IATA アメリカン交通会議（NOA, CEM, SOA および CAR を含む）
TC3	IATA アジア交通会議（JAK, SAS, SEA, SWP を含む）
TC2	IATA ヨーロッパおよびアフリカ交通会議（AFR, EUR, MDE を含む）
JAK	日本および韓国
MDE	中東
NOA	北米
SCH	シェンゲン協定国
SOA	南アメリカ
SAS	南アジア
SEA	南東アジア
SWP	サウスウエスト 太平洋

表 3-8　ミールコード

コード	内　容
AVML	アジアのベジタリアンミール
BBML	ベビーミール
DBML	糖尿病食事
FPML	フルーツの盛り合わせ
HFML	高ファイバー食事
HNML	ヒンドゥー教のノンベジタリアンミール
LCML	低カロリーの食事
LFML	低脂肪の食事
NLML	無乳糖食事
LPML	低タンパク質食
MOML	イスラム教徒の食事
PFML	ピーナッツ無料食事
SFML	シーフードミール
SPML	特別な食事、食べ物を指定
VJML	ベジタリアンジャイナ教の食事
VOML	ベジタリアンオリエンタルミール
VOML	ベジタリアンオリエンタルミール

⑥時間帯（IATA timezone codes）

2文字から4文字のコード。以下のルールでコードが付けられている。最初の2文字は国名コードがつけられ、国の中で標準時が分かれていなければこの2文字のみとなる。3文字目は一国の中で分かれている標準時を順番に付ける。国土の広い、ロシアやアメリカ、カナダなどのほか、インドネシアのような島国もこれにあたる。また、同じ標準時で、異なった夏時間が使われている際は4文字目に文字を足す。

⑦地域（IATA region codes）

特定の広域や複数国を指定するために使われる。

⑧ミール（機内食）

宗教上の理由やアレルギー等から、機内食もコードでおおよその内容が分かるようになっている。以下にいくつか示す。

⑨基本運賃番号

航空会社が用いるアルファベットないしアルファベットと数字を組み合わせた記号のこと。予約番号や予約クラスなどについて表わされる。航空会社ごとに独自に番号を設定している。

(4) 偏西風の影響で夏と冬2つのダイヤを使用

飛行機ダイヤは国際線、国内線ともに夏期ダイヤと冬期ダイヤに分かれている。その一番大きな理由は風の影響と日出没の時間が変わることによる。もっとも低緯度帯の国々の国内線ではそのような要素はないものの他の国々を結ぶ国際線との乗り継ぎなどの関係で夏と冬のダイヤを設定しているのが一般的である。ダイヤはサマータイムを使っている国によっても異なるが、IATAが決定し、夏期ダイヤは３月の最終日曜日に始まり、10月の最終日曜日に冬期ダイヤに切り替わる。2016年の日本の航空会社では３月27日〜10月29日が夏期ダイヤとなっている。そして、航空会社によってはさらに2〜3か月単位でダイヤ改正を行うこともあるが、それは便数や発着時刻の変更で、フライタイム（飛行時間）は夏と冬の２回で差が出るのが基本である。

では､夏と冬のフライトタイムにどのくらい差が出てくるのか。一例を成田とロサンゼルスを結ぶ直行便で見てみよう。夏期の場合、成田から行きの便のフライトタイムは10時間15分で、帰りは11時間10分である。一方、冬季の行きは８時間45分で、帰りは12時間45分となっている。

このようにフライトタイムに差が出るのは、偏西風が大きな影響を与えているためである。成田とロサンゼルス間の飛行コースは後の章でも詳しく説明するが、行きと帰りとでは大きく異なっているものの、その差はまだ少ないほうである。仮に、同一ルートを飛ぶとなると、さらに大きな差となってくる。

さて、ここで問題となるのが夏と冬のダイヤの切替え時期の実際のフライトタイムである。例えば、夏期ダイヤに入った４月上旬をとって考えてみると、航空機が飛行する高度１万メートル以上の上空では、依然、偏西風が強く吹いていていわばまだ冬の状態なのである。このため、日本から東行きの便では定刻より早く着いて何も問題は生じないが、西行きの便で、例えば、米国西海岸やハワイからの日本への帰着便や日本からのヨーロッパ便では向かい風の影響で、到底、夏期ダイヤの定刻には到着できない。そのため、利用者は到着地からの乗継ぎ便については十分な時間の余裕を見る必要があり、ダイヤだけで計算すると、最悪、翌日の便まで待つことにもなるので、注意が必要である。

(5) 一度は目を通しておきたい運送約款

鉄道やバスでは目的地まで何らかの理由で到着できない場合は、代替手段を追加料金なく手配、あるいは運賃の払い戻しが行われる。運賃の払い戻しは国や、列車、車両によって何時間あるいは何十分以上遅れた場合、というように決められている。そして遅延の原因には、天候や地震など自然災害も含まれるのが一般的である。

一方、航空は、出発前であれば払い戻しは可能（一部の条件付きチケットは除く）であるものの、出発後の遅延に対する払い戻しは原則ない。しかし、現実には目的地に予定どおり到着できず代替空港に着陸する、あるいは出発した空港に引き返すこともまれに起こる。また、遅延に伴い予定した便への乗り継ぎができず、やむなく空港近くに宿泊を強いられることもある。このようなとき、乗客や荷物に関して、航空会社はどのように取り決めているのだろうか。細かくは航空会社によって異なるが、運送約款に規定されているので、ぜひ利用する前に見ておく必要があるだろう。

以下では、日本航空とピーチ・アビエーション、ユナイテッド航空の運送約款のうち、航空便のスケジュールやトラブル時に関する部分を抜粋した。ただし、実際は必ずしも約款の規定通りに運用されるとは限らず、状況によって航空会社の配慮がなされることもある点を留意してほしい。

日本航空（「国際運送約款（旅客および手荷物）」の一部）

2018年3月23日発効

第1条　（定義）

第2条　（約款の適用）

第3条　（コードシェア便）

第4条　（航空機）

第5条　（途中降機）

第6条　（運賃及び経路）

第7条　（経路等の変更、運送不履行および接続不能）

第8条　（予約）

第9条　（搭乗手続）

第10条　（運送の拒否及び制限）

第11条　（手荷物）（A）～（E）

（手荷物）（F）～（K）

第12条　（航空便のスケジュール、延着及び取消）

第13条　（払戻）

第14条　（地上連絡輸送）

第15条　（宿泊、会社が行う手配及び機内食）

（A）（宿泊）

（1）宿泊費は旅客運賃に含まれていません。

（2）他の航空便に乗り継ぐために宿泊を伴う場合は、会社は、会社の選択により、宿泊費を負担することがあります。

（3）旅客から依頼があれば、会社は、旅客に代り宿泊予約の手配をすることがありますが、当該予約ができることにつき保証するものではありません。会社又はその代理人が予約を手配したこと又は手配しようとしたことにより支出した一切の費用は、旅客の負担とします。

(B)（会社が行う手配）

会社が旅客にために航空運送に付随する宿泊その他のサービスの手配を行うにあたっては、当該宿泊その他のサービスの利用又はその手配に要する費用を会社が負担するか否かを問わず、当該宿泊その他のサービスの利用若しくはその手配に起因して、旅客が損失若しくは損害を被り又は費用を負担したとしても、会社は責任を負いません。

(C)（機内食）

会社規則に別段の定めのある場合を除き、機内食を提供する場合には、これを無料とします。

第 16 条　（出入国手続）

第 17 条　（相次運送人）

第 18 条　（運送人の責任）

第 19 条　（損害賠償請求期限及び出訴期限）

第 20 条　（法令違反条項）

第 21 条　（改訂及び権利放棄）

ピーチ・アビエーション（「国内・国際旅客運送約款」の一部）

第 12 条　航空便のスケジュール、延着及び取消

A）スケジュール

当社は、合理的な範囲内で、旅客又は手荷物を旅行日において有効なスケジュール通りに運送することに最大限努力を払いますが、時刻表その他に表示されている時刻は、予定であって保証されたものではなく、また運送契約の一部を構成するものではありません。運航予定は予告なしに変更されることがあります。当社は、この結果、旅客又はその手荷物の他の便への接続に支障が生じても一切責任を負いません。

B）取消

1. 当社は、予告なしに、当社の引き受けた運送につき運送人を変更し又は航空機を変更することがあります。
2. 当社は次のいずれかの事由によるときは、予告なしに、航空便又はその後の運送の権利若しくは運送に関わる予約を取り消し、打ち切り、迂回させ、延期させ又は延着させ、また離着陸すべきかどうかを決定することがあります。この場合、当社は、この約款及び当社規則に従って航空券の未使用部分に対する運賃及び料金を払い戻しますが、その他の一切の責任を負いません。

(a) 当社の管理不能な事実（気象条件、天災地変、ストライキ、暴動、騒擾、出入港停止、戦争、敵対行為、動乱又は国際関係の不安定等の不可抗力をいいますが、これらに限定されるものではありません。）で、現実に発生し、発生のおそれがあり若しくは発生が報告されているもの、又はその事実に直接若しくは間接に起因する延着、要求、条件、事態若しくは要件。

(b) 当社が予測、予期又は予知し得ない事実。

(c) 適用法令等によるもの。

(d) 労働力、燃料若しくは設備の不足又は当社その他の者の労働問題。

ユナイテッド航空（「運送約款」の一部）

ユナイテッド航空（「ユナイテッド」）、ユナイテッドエクスプレスとして業務を行う航空会社、その他ユナイテッド航空の共同運航便を運航する航空会社（総称して「ユナイテッド航空」）の各運航便の乗客と手荷物の運送には、航空券、チケットジャケット、またはEチケットレシートの券面または内部に印刷されたご利用規約に加え、ユナイテッド運送約款に記載されたご利用規約が適用されます。お客様は、航空券を購入するか、運送を承認することにより、これに拘束されることに同意するものとします。対象となる規約には、以下が含まれます。

・荷物（壊れやすい物、腐敗しやすいものを含む）の遅延、破損、紛失に関する責任の制限。

・ユナイテッド航空に対する申し立て、または訴訟を行う場合の期限を定めることを含めた、出訴規定。

・ユナイテッド航空の運送約款を変更する権限。

・予約の再確認、チェックイン時刻、運送拒否に関する規定。

・スケジュールの変更、他の航空会社または航空機による振替輸送や他の交通手段または運送経路への変更を含め、サービスの遅延や不履行に対するユナイテッド航空の権限および責任の制限。

国際線を利用する旅行者への航空会社の責任に関する助言

最終目的地または経由地が出発地とは異なる国の場合は、モントリオール条約またはその前身であるワルソー条約（その改訂も含む）が旅程全体（国際旅程の一部としての国内旅程を含む）に適用される場合があります。国際線をご利用の場合、同条約（適用関税に組み込まれた特別運送契約を含む）により、旅客の死亡または傷害、手荷物の破損、紛失、損傷、ならびに旅客および手荷物の遅延に対する航空会社の責任が制限される場合があります。

※下線は著者によるもの

第４章　飛行機ダイヤを作るための約束事

前章でダイヤは航空会社で自由に作成できると書いたが、それが実際に実現して効力を発するためにはいくつかのハードルをクリアする必要がある。ここでは、いわばダイヤが発効するための前提についていくつかまとめてみることにする。

(1) 国際線に欠かせない相互での航空協定

国際線の運航には乗り入れを希望する国とそれを受け入れる国との２国間での航空協定が必要となる。その場合、必ずしもそれぞれの発着空港が同一でなくてもよい。例えば、Ａという国が大空港一つに乗り入れる代わりにＢ国の航空会社がＡの三つの地方空港へ乗り入れることなどである。また、航空会社もそれぞれ１社とは限られず、交渉によっていくつものパターンが可能である。さらに便数も必ずしもお互いに同じとも限られず、要は交渉する国がそれぞれ全体として自国の利益にかなうものであればよいのである。最近のホットな２国間交渉の例では、2016年２月16日から始まった日米の航空協議がある。ここでは日本の羽田空港への乗り入れがテーマになった。これまで羽田空港の国際線発着枠は、昼間時間帯では日米の２国間交渉は進展しておらず、深夜早朝時間帯（午後11時から午前６時）のみの就航が認められてきた。ちなみに日本と欧州各国との交渉はすでにまとまっており、発着枠が増やされた2014年３月末からはそれまで成田発着だった欧州便の主要路線が羽田発着に移行している。さて、日米間の交渉は両国の利害が対立し、2015年12月に行われたワシントンDCでの2日間の協議でも1日延長したものの合意できず、年をまたいで再開したものだ。航空協定の交渉とはそれぞれの国の利益に係るものだけに、時にはこのように難航するのである。この交渉では日本側は米国側からの羽田空港への乗り入れを昼間10往復とし、深夜早朝は2往復にする代わりに、日本からはこれまで米国西海岸とハワイ路線に限られていたものを米国東海岸（ニューヨークとワシントン）への直行便を要求、そして、2016年2月18日、日米両政府は、別紙新聞手記のとおり合意した。

さて、このような2国間での航空協定は国家間で交渉があり、かつ利害が一致することが前提となるが、EUという大きな政治経済ブロックと各国の航空会社との関係も近年注目を集めている。それは別表にもあるようにEUが決めた安全基準を満たさない航空会社にはEUへの乗り入れと領空通過を認めていない措置である。

日本に身近なところでは、インドネシアやフィリピンなどで具体的に名指しされている航空会社では基準を満たす対応策を講じてそれが認められなければ今後も飛行できないのである。かつて、大韓航空が1997年にグアム島でジャンボ機の着陸に失敗して多くの死者を出したことをきっかけに事故多発航空会社としてカナダ政府によって乗り入れ禁止寸前にまで発展したことがあったが、EUという大きなブロックが乗り入れ禁止という措置を取ると当該航空会社にとっては経営的に大きな痛手となることは間違いない。

羽田 昼に米国線

日米合意 今秋にもNY直行便

日米両政府は十八日、東京都内で開催した航空協議で、羽田空港を昼間に発着して米国と行き来できる路線を設けることで合意した。羽田からの米国路線は現在、深夜早朝の西海岸やハワイ便に限られているが、昼間に出発するニューヨーク便など米東海岸行きの直行便が今秋にも実現する見通しで、羽田の国際化は一層進む。羽田は国内路線網が充実しているため、地方空港からの乗り継ぎが便利になる。 =関連❻面

羽田を発着する米国路線を、現在の一日八往復から十二往復に増やし、このうち十往復はこれまでゼロだった昼間の時間帯（原則として午前六時～午後十一時）とする。政府は二〇二〇年の東京五輪・パラリンピックに向け、米国便も含む羽田、成田の国際線をさらに充実させる考えだ。

石井啓一国土交通相は記者会見で「日米両国間のビジネス、観光需要に的確に対応できるようになる」と述べた。

国交省によると、十二往復は日本と米国の航空会社に対し六往復ずつ配分される。国内航空会社に対する割り当ては、今年の大型連休までに配分する方針だ。

羽田と米国を結ぶ旅客便

現状 3路線 ロサンゼルス、サンフランシスコ、ホノルル

米国路線の羽田の発着枠（1日当たり）

	現　行	合意内容
昼時間帯	ゼロ	10便(往復)
深夜早朝時間帯	8便(往復)	2便(往復)

※深夜早朝時間帯は午後11時～午前6時、例外的に午後10時台と午前6時台も認められる

日米航空協議の合意ポイント

- 羽田空港を昼間に発着する米国路線を新たに設ける
- 1日の全体の発着枠を、現在の8往復から12往復に増やす。昼時間帯を現在のゼロから10往復に、深夜早朝時間帯は8往復から2往復とする
- 日米双方の航空会社が6往復ずつ運航できるようにする

再国際化 難交渉 米側が譲歩

二〇一〇年に始まった羽田空港の再国際化は昼間の米国路線実現により新たな段階を迎える。政府は二〇二〇年の東京五輪・パラリンピックに向け、成田も含めて国際便をさらに充実させる方針で、地方から海外への渡航ルートは選択肢が増えそうだ。

羽田国際線の発着枠は、滑走路などの施設拡充に伴い一四年春に当初の一・五倍に増え、欧州や東南アジア方面の昼間便も実現。昨年秋には、沖縄県・尖閣諸島をめぐる対立で遅れていた中国路線も増便となり、急増する訪日客を運んでいる。

ところが、人気の米国路線が取り残される状況となっていた。米国政府は航空業界内の意見対立がある中で、日本側に歩み寄る形でようやく今回の決着に至った。

昼間便が就航すれば、羽田を日中に出発し、米東海岸に現地時間の日中に到着することも可能となり、ビジネス・観光客が時間を有効に使えるようになる。羽田は国内線のネットワークが充実しており、地方から米国などへの渡航が便利になるだけでなく、訪日客の受け入れ増も期待できそうだ。

国際便の新たな増枠分をめぐる各国との交渉は一八年ごろに本格化する見通しだ。配分の検討に当たっては、成田との役割分担や格安航空会社(ＬＣＣ)をどう飛ばすかに加え、地方活性化の観点も留意すべきだ。

羽田の再国際化

成田空港は国際線、羽田空港は国内線というすみ分けが長く続いたが、２０１０年に４本目の滑走路ができた際に国際線の定期便が本格的に復活した。年間発着枠は、当初の６万回から14年春に９万回に拡大。昼間便は中国や韓国が中心だったが、欧州や東南アジア路線も実現した。15年の国際線利用客数（速報値）は１２７５万人。政府は20年の東京五輪までに、東京都心上空の飛行制限緩和で、さらに最大３万９千回増やしたい考えだ。

図 4-1　羽田―米国路線、昼間も発着。NY に直行便就航へ

『東京新聞』2016 年 2 月 19 日朝刊より

(2) 領空通過の承認と通過料の徴収

国際線の場合、目的地まで飛んでいく途中に通過する関係国の認可も必要である。そもそも出発の際に提出されている飛行計画書に基づいて管制官より発出される「ATC クリアランス」と呼ばれる飛行承認は出発地から目的地まで通過するすべての国々の飛行許可があって初めて有効となるものである。仮にどこかで事故が起こって救助が必要となったり、緊急着陸ともなれば誘導を要請することもあろう。そのため、一般的にはどの国でも自国の領空を飛ぶ航空機に対して「上空通過料」を課している。ただし、その費用の具体的な内訳については明らかにされていない。実際、北朝鮮などは論外としてアフガニスタンやシリアといった紛争地域の上空の航空路を使っている航空会社も少なくないが、いざとなったら当事国の政府が有効な協力をすることができるかどうかは疑問が残るところである。記憶に新しいところでは 2014 年 7 月に起きたウクライナ上空でのマレーシア航空 017 便撃墜事件がある。当時ウクライナ政府は東部ドネック州で日常的に親ロシア派との戦闘状態にあり、017 便時間の 2 週間前にも高度 7,000m を飛んでいた輸送機がミサイルで撃墜されたのに、航空当局は世界の航空会社に「高度 9,750m 以上では飛行してもよい」という情報を伝えていたのであった。この例のように、世界では自国の領域内に紛争をかかえていても危険情報を出さないで国際線の飛行ルートを閉鎖する国は見当たらない。それは領空内における上空通過料が目当てであるからだ。話が飛んでしまったが、この上空通過料については国際的な取り決めはなく、各国が航空路を使いたい航空会社の足元を見るように勝手に値段を決めて徴収している。例えば、旧ソ連（現ロシア）では東アジアとヨーロッパとを結んでいた北極回りの欧州線を、シベリア上空を開放することで片道で約 60 万円もの上空通行料を各航空会社に課していたものである。ちなみに、日本も上空を通過する外国機に約 4 万円の料金を徴収している。

COLUMN ❸

EU が乗り入れ拒否を行う判断

EU（ヨーロッパ連合）が特定の国の航空会社を EU 行きへ乗り入れ禁止措置をとるようになった経緯は次のとおりであり、対象航空会社のブラックリストへの登録、削除など入れ替えは当該航空会社の安全対策の推移によって頻繁に行われている。

リストアップの経緯

2004 年 1 月にエジプトの民間航空会社、フラッシュ航空のボーイング 737 型機がエジプト沖の紅海に墜落し乗っていた 148 名の乗客乗員全員が死亡する事故（フラッシュ航空 604 便墜落事故）が発生し、そのほとんどがフランスからの観光客であった。さらに調査でフラッシュ航空は 2002 年 10 月にスイスでの抜き打ち検査で、安全基準を満たしていないと乗り入れを禁じられていたことが発覚し、欧州委員会は航空会社に対する安全対策で EU 圏内の一部の国で開始されていた「危ない航空会社リスト」を統一し、2006年3月22日に欧州委員会で統一したブラックリストを発表。以後3か月ごとに更新し、公式ウェブサイトおよび旅行会社のサイトなどに載せられることとなった。

EUに乗り入れの禁止を指名された航空会社は、ヨーロッパ諸国への路線の開設や、領空の飛行もほぼ不可能になることを意味する。なお、スイスはEUには加盟していないが、EU諸国に囲まれているため、EU域内への乗り入れが禁止された航空会社はスイスへの乗り入れも事実上不可能となる。

EU乗り入れ禁止航空会社一覧

2014年現在、全面禁止国18か国、航空会社280社および機種制限のある航空会社10社である。

【全面禁止国】

アフガニスタン（国内全社）／キルギス（国内全社）／コンゴ民主共和国（国内全社）／スワジランド（国内全社）／リベリア（国内全社）／シエラレオネ（国内全社）／モーリタニア（国内全社）／ベナン（国内全社、2009年4月8日追加）／ザンビア（国内全社、2009年7月14日追加）／コンゴ共和国（国内全社、2009年11月26日追加）／サントメ・プリンシペ（国内全社、2009年11月26日追加）／ジブチ（国内全社、2009年11月26日追加）／スーダン（国内全社、2010年3月30日追加）／モザンビーク（国内全社、2011年4月21日追加）／エリトリア（国内全社、2012年12月4日追加）／赤道ギニア（国内全社）／ネパール（国内全社、2013年12月5日追加）／リビア（国内全社、2014年12月11日追加）

【一部航空会社除外国】

インドネシア（2007年7月6日追加、2009年7月14日一部航空会社への措置解除）

ガルーダ・インドネシア航空、エアファスト、マンダラ航空、インドネシア・エアアジア、プレミエアーを除く国内全社

フィリピン（2010年3月30日追加、2013年7月13日フィリピン航空措置解除、2014年4月10日セブパシフィック航空措置解除）

フィリピン航空、セブパシフィック航空を除く国内全社

スリナム（2010年7月6日追加）

Blue Wing Airlinesのみ禁止

イラク（2015年12月10日追加）

イラク航空のみ禁止（ボーイング737-800型等の最新鋭機を導入するなど機体は新しいが、EUが要求している安全基準を満たしていないと判断されたことが原因）

乗り入れ禁止措置の判断基準

乗り入れ禁止の航空会社のリストアップを行うのは、乗り入れを禁じられた航空会社に対し、より安全意識を持たせるためであるが、航空会社によっては「安全が確認された一部

の機体は乗り入れ可能」とする、例外的なルールがある。安全管理体制の問題とは以下に示すことであるとされている。

- 問題の航空会社を監督する国の監督が不十分（整備基準の施行や航空事故の調査が不十分であるなど、インドネシアの航空会社のほとんどがEUの乗り入れを禁止されているのはこの理由も含む）
- 規定を満たさない整備（航空会社側の理由、もしくは国家の監督が不十分などの理由により定期的に整備を行っていないか、あるいは整備が不十分など）
- 古い機体（先進諸国の多くの航空会社がすでに退役させたボーイング747（100/SP/200）、ボーイング737（100/200）、ボーイング727、ボーイング707、DC9、ダグラスDC8、イリューシンIl-62、ツポレフTu-134など製造後30年以上の航空機（経年機））を、EU諸国の規格に合せたアビオニクスの更新を行わないで使用し続けていること
- ハイジャック防止などのセキュリティが不十分なこと

EUの判断基準は公正ではない

さて、EUが危険な航空会社と判断する基準について、パイロットの判断能力や技量が不十分という項目が入っていないのは世界で起きている航空事故の実態を理解していないのではないか、あるいは「上から目線」のようにアフリカやインドネシアやフィリピンといったアジアの一部の国の航空会

社を名指ししているがこれで公正と言えるのかと、私は思っている。

これまで見てきたように、EU が乗り入れ禁止にする基準は、整備や機材の古さに重点が置かれている。しかしこれではドイツの調査機関 JACDE が発表する「航空会社安全性ランキング」と大差なく、現代の航空事故の多くがパイロットの判断力や技量の欠如によるものであるという視点が入っていない。

そのため、近年でも大事故を繰り返している韓国や台湾、それにマレーシアなどの一部の危険な航空会社が一切ブラックリストに入っていないという不思議な結果となっている。また当然というべきか、EU 内の航空会社が一つもリストに入っていない。

そもそも機材について、30 年以上の経年機を使っているからと、ボーイング 747（100/SP/200）、737（100/200）をはじめとする一世代前の航空機を不安全な航空機と断定するのはいかがなものであろうか。一応、EU 諸国の規格に合せたアビオニクスの更新をしていればよいという条件を付けてはいるが、それでも EU が製造しているエアバス製のハイテク機こそが安全と言わんばかりの独善的な価値観が見え隠れしているような気がしてならない。

そして、現代の双発エンジンのハイテク機と一世代前の 4 発エンジンの旅客機では、どちらが安全であると言い切れるのであろうか。双発エンジン機では、ハイテク機であってもバードストライクをはじめとする自然の脅威やエンジントラブルに対しては、4発機よりハンディキャップを持つのは明らかで、アメリカの大統領専用機（エア・フォース・ワン）に、なぜボーイング747-200Bという古い機材が使われているのかということも忘れてはならない。

EUが現在乗り入れや飛行禁止にしている航空会社の安全性に疑問を挟む余地はないものの、EUという大きなブロック（東欧も含まれる）内のすべてのエアラインは安全であるという前提に立つのは好ましくないし公正でもない。従来のように、特定の国がその国の安全文化に照らして不安全なエアラインの自国への乗り入れを禁止するという方法ならよいと思うのであるが……。

(3) 空港のキャパシティが離着陸数を決める

どの空港にも一日にどのくらいの航空機が離発着できるかという可能枠が決められている。それにはまず管制上の理由がある。日本では民間航空機は原則IFR（計器飛行方式）で飛行計画書を提出し、運航されているが、実際には天候がよく有視界気象状態(図4-2)となると、管制官は離発着する航空機同士の間隔を短くできる。逆に天候が悪く、計器気象状態ともなれば視界が悪く、例えば進入中の航空機からは先行機が見えない。また着陸した航空機が滑走路から誘導路に出たことがわからないなどといったことから管制官は航空機と航空機とのセパレーション（間隔）を長くとる必要がある。これは空港によっても異なるが、5〜6 マイルと考えてもよいだろう。一方、有視界気象状態では小型機や中型機同士なら先行機が滑走路から離れ次第、航行できるぐらいに

VFR による飛行は有視界気象状態（VMC／visual meteorological conditions）で行わなければならない。VMC とは次の気象条件を満たす気象状態である。

a. 3,000m 以上の高度で飛行する航空機については：

イ）飛行視程が 8,000m 以上であること。

ロ）航空機からの垂直距離が上方および下方に 300m である範囲内に雲がないこと。

ハ）航空機からの水平距離が 1,500m である範囲内に雲がないこと。

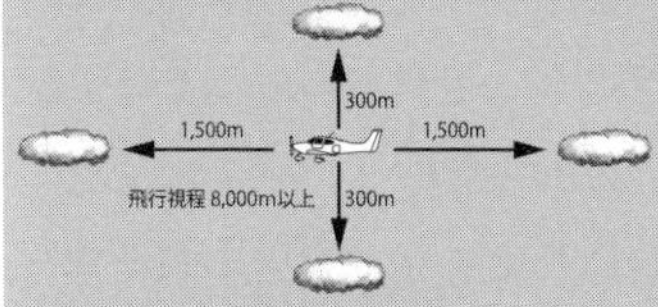

3,000m 以上での VMC

b. 3,000m 未満の高度で飛行する航空機（ただし次 c 項の航空機を除く）については、

イ）飛行視程が：

①管制区、管制圏または情報圏を飛行する場合 5,000m 以上、

②管制区、管制圏、情報圏以外の空域を飛行する場合 1,500m 以上であること。

ロ）航空機からの垂直距離が上方に 150m、下方に 300m である範囲内に雲がないこと。

ハ）航空機からの水平距離が 600m である範囲内に雲がないこと。

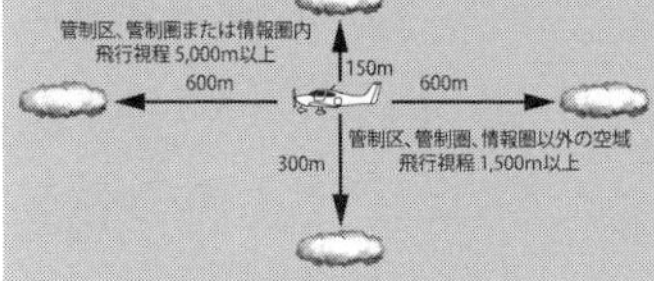

3,000m 未満での VMC

c. 管制区、管制圏、情報圏以外の空域を地表または水面から 300m 以下の高度で飛行する航空機については：

イ）飛行視程が 1,500m 以上であること。（他の物件との衝突を避けることができる速度で飛行するヘリコプターは除く）

ロ）雲から離れて飛行でき、かつパイロットが地表または水面を引き続き視認できること。

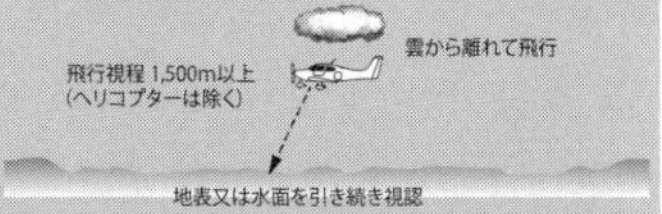

クラス G 空域の 300m 以下での VMC

d. 管制圏または情報圏内にある飛行場ならびに管制圏および情報圏外にある国土交通大臣が告示で指定した飛行場で VFR により離着陸するためには、飛行場の気象状態が：

イ）地上視程が 5,000m 以上であること。

ロ）雲高が地表または水面から 300m 以上であること。

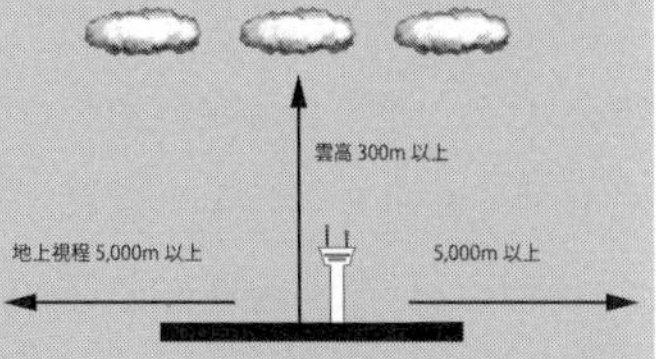

注）管制区……航空交通管制区の略で、管制業務等が提供される空域の一つ。
管制圏……航空交通管制圏（Control Zone）のことで飛行場から半径 9km、民間の飛行場では上限が 3,000 フィートの空域。

図 4-2　有視界気象状態

短縮できるので、離発着を増やすことができる。しかし、大型機が加わる運航では航空機から発生するウェイクタービュランスと呼ばれる乱気流によって管制上の制約が加わることになる。それは同一滑走路の場合、管制官は先行機と後続機の間隔は一定の距離又は時間をとり、先行機から出される後流によって後続機が傾くなど影響のないようにしなければならない。この先行機と後続機との間隔は着陸時には例えば先行機が大型機で後続機が中型機の場合最低５マイル（海里)、小型機は６マイルの間隔をとり、離陸時にはエンジンの出力を高くする関係で後流も大きくなるので、基本的に２分以上の間隔を取る必要がある。このような条件をつけるとおのずと離発着数の限界値が計算されることになる。

次に航空会社のゲート数からくる便の調整という課題がある。地方の小さな空港では大手の航空会社でも１日にそれほど多くの便を飛ばせることはないのでターミナルビルのゲートは他社と共有したりして柔軟に対応することも可能であるが、大空港ともなれば航空会社別にゲートが割り当てられている。そのため各航空会社では到着から次の出発まで機材に応じた作業時間を基に綿密なゲートの有効利用を計画する。とはいえある程度の余裕をみて計画しないとある便が出発作業の遅れなどで予定時刻になってもゲートから離れないと同じゲートを使う予定の到着便は誘導路やランプエリアで待つことになる。しかしこれは大空港では他の航空機が地上滑走で停止、渋滞あるいは他のルートを使っての迂回という事態にもなり大迷惑となる。それでなくても待機場所が限られる大空港では管制官泣かせの事態でしばしば航空会社へのクレームがなされる原因となる。このような理由から各航空会社は多くのゲートを空港会社から割り当ててもらいたいものであるが、空港内のスペースは限りがあるためなかなかそうはいかない事情がある。

そのため割り当てられているゲート数から自ずと発着便数が決まってくるのである。なお超大型機のA380ではこれまでのボーディングブリッジでは対応できないため専用のゲートを使う必要がありそこからくる制約も存在することも忘れてはならない。そしてゲート数による運航上の調整は悪天候時の緊急避難にも影響を与えている。ある便が飛行計画で目的地以外の代替飛行場を選定する場合、例えば目的地が成田で、代替飛行場を羽田に決めて飛行承認を得て飛んだとしよう。そして、目的地の成田が悪天候やその他の理由（滑走路が閉鎖されているなど）で使えず、代替飛行場に向かう場合でも多くの先行機がすでに羽田に向かっている場合には駐機スペースの関係で断られることが発生する。もちろん機材の大きなトラブルなど緊急事態では優先的に受け付けてくれるが、最も多い天候上の理由では順番によって着陸が難しくなるのである。その場合パイロットは燃料のある限りセントレアや関空、それに新千歳空港など受け入れ可能な空港に飛んでいく必要が生じるのである。成田、羽田、関西、中部、福岡などの空港の発着枠に関しては国交省が主轄する「発着調整委員会」（新橋の航空協会内事務室）で行われ決定されている。

(4) 航空機の種類も考慮に入れる

航空会社は使用機材が目的地の空港の安全保安基準に適合しているかどうかも事前に調査しておく必要がある。現代のハイテク機ではAPU（補助エンジン）を搭載しているため、自力でもエンジンを回すことができるが、古い機材では地上電源やスタート用のエアーの供給設備が整っていることが必要である。加えて大型機では重量的に荷重に耐えられる滑走路や誘導路であるのかの確認も不可欠だ。そして、エアバスA380のような超大型機ともなると横付けできる専用のゲートも必要となってくる。そのため、現在ではA380が就航できる空港は限られている。

(5) 日本の国際線は国交省の認可が必要

これまでは国際線を運航する場合を想定して諸条件について考えてきたが、我が国で国内線の新路線を開設する場合はどうだろうか。空港や機材による制約は国際線と同じであるが、もちろん上空通過料などは発生しない。各航空会社にとって最も大きな壁は国交省の路線開設の認可なのである。路線開設はひとえに国交省の許認可事項となっているので航空会社は事前の根回しに力を入れざるを得ない。そのため、空港のある自治体などと協力して利用客の予測データを基に国交省に陳情する必要がある。新興航空会社やLCCにとって地方の空港への乗り入れは簡単であるがドル箱といわれる羽田を筆頭とする大都市への乗り入れとなると既存航空会社との利害がからみ、調整は極めて厳しいのが現状である。これまで全日空や日本航空などの先発航空会社はこの路線権益をめぐってすさまじい争いを繰り広げてきた歴史がある。官民ともにさまざまな利権の構造が存在し、「航空運輸族」と呼ばれる政治家や官僚が活躍してきたのも記憶に新しい。運輸事務次官が航空会社の重要役員に天下りして後に社長となって経営の第

羽田空港

日航、昼のNY便断念

国交省　新規路線開設に制限

【ニューヨーク＝共同】日本航空が、羽田空港を昼間に発着する米国路線が始まる十月三十日のニューヨーク線就航を断念したことが一日分かった。複数の関係筋が明らかにした。公的資金を受け経営再建した日航に対し、国土交通省が来年三月末まで新規路線の開設を制限したルールを適用する意向のため。ニューヨーク線は制限撤廃後の来年秋にも開設する方針だ。

十月三十日からは現行のサンフランシスコ、ホノルル両線の羽田発着を深夜早朝時間帯から昼間（原則午前六時～午後十一時）へ移す。一方、全日本空輸はニューヨークとシカゴへの路線をそれぞれ就航し、現行のロサンゼルス、ホノルル両線の継続を決めており、国内航空二強が明暗を分ける。

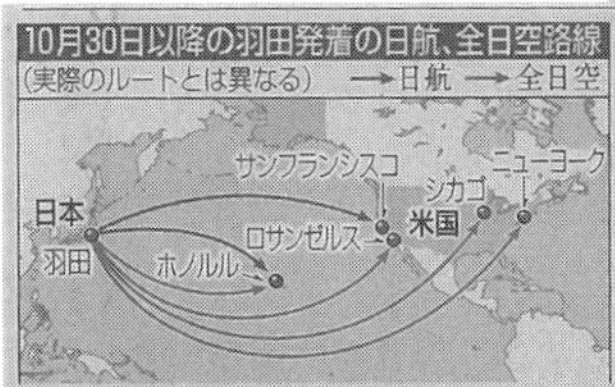

国交省は、再建後の日航が競争環境をゆがめないようにする観点から、今年二月の日米航空協議の合意に基づく羽田の発着枠配分で、十月三十日以降に全日空が一日四往復、日航は一日二往復と差をつけた。

日米の最大都市を結ぶ羽田—ニューヨーク線は上級クラスを利用するビジネス客の需要で高い収益が見込める。羽田から国内線に乗り継ぎがしやすいため、日本各地を訪れる米国人観光客の利用も増えるとみられる。

日航がニューヨーク線を設ける際には、発着枠の関係でホノルル線を廃止し、利用客を成田—ホノルル線へ誘導する公算が大きい。

図4-3　昼のNY便断念

『東京新聞』2016年6月2日朝刊より

一線に立ったように国交省（旧運輸省）との繋がりや関係が大いにものをいうのが現実である。私の現役当時に時の大臣や運輸官僚などに行われた航空会社側から行われた接待疑惑がしばしばマスコミを賑わしたが今後はクリーンで公平な関係であってほしいと願うばかりだ。近年ではスカイマークの持っていた羽田空港の発着枠をめぐり全日空と日本航空が争っているがすべては国交省の決定いかんに係っているのである。このように路線権益をめぐる国と航空会社との関係は複雑なものがあり、それゆえ新規に路線を開設するには大変な労力を要するのである。

第５章　飛行時間を左右するさまざまな要因

航空機の飛行時間は天候や管制上の制約などさまざまな要因によって変化する。それは季節よって大きく変わるのはもちろんのこと毎日の単位でもパイロット自身「フライトが終わってみなければわからない」ほどの不確定要素が待ち受けているのである。

(1) ブロックタイムとフライトタイムとTAXIタイム

一般に飛行時間と呼ばれているのは航空機がゲートから自力で動き出す、あるいはトーイング（牽引）車によって動き出す瞬間から目的地のゲートに到着してパイロットがパーキングブレーキをセットした瞬間までを指し、パイロットはこれをブロックタイムと呼んでいる。これは仮に定刻通りに運航された場合、タイムテーブルに記載されている時間になり、それは到着時刻から出発時刻を引いても算出できるものだ。しかし、パイロットが使う飛行時間とは航空機が滑走路から浮揚してから目的地などの滑走路に着陸した「正味の時間」を意味している。離陸時、機体が浮き上がる瞬間、CAたちが腕時計をチラッと見るのはそこから機内のサービスが予定通りに進行していくことになるからである。

ではブロックタイムとフライトタイムとの差は何かといえば、地上での走行時間となる。TAXI（タクシー）タイムと呼ばれるこの時間ほど毎回ごとに大きく変わるものはない。

今日、大きな空港では同じ時刻に複数の航空会社の便が出発を予定することが少なくない。特に朝の８時、10時、11時、夜間の6時などの営業上のゴールデンタイムには多くの便が同時出発となっている。そのため運よく管制官から定刻の出発が許可されてもターミナルの出発ゲートの位置によっては使用滑走路に向かう間に他の航空機が前をブロックし、エンジンをかけ始めたりして結局離陸の順番が後になったりすることがある。一般的に各航空会社は出発時と到着時のTAXI時間は空港によって5～10分程度と考えて「正味の飛行時間」に加えることによってタイムテーブルを作成しているが、実際にはなかなかそのとおりにはいかない。例えば、羽田空港から大阪へ向かう便は沖合いの滑走路が管制官からアサインされるため、どのゲートからでも急いでも15～20分はかかってしまう。つまり大阪行きの便は常に離陸まで予定をはるかにオーバーしているということになる。

TAXIに時間がかかるのはこのように出発や到着のゲートが当日使用されている滑走路から遠いか近いか、加えて空港内の混雑度によって影響されるが、実はこれだけではない。それぞれのパイロットの地上走行の速度やテクニックにも左右されるのである。TAXI速度は一般の道路のように制限速度は決められていない（もちろん違反切符も切られることはない）のでパイロットは速く走行するかゆっくり走行するかは自由である。私の経験ではお国柄や航空会社それにパイロット個人の性格や考え方などによって走行速度が異なっていると感じているが、できるだけTAXIの時間を短くするほうが後の飛行に余裕ができて定時到着を果たせるためにはよいだろう。面白い例を一つ紹介しよう。アメリカから日本への帰り便では、日本人のパイロットの多くはこれから先12時間ものフライトになる前の最初のTAXI、気持ち的にも“急がずゆっくり”という気分でゆっくりと走行することが多い。しかし、使用滑走路に向かう間にアメリカの航空機なども途中の誘導路から我先にと同じ滑走路に向かう。離陸の許可は国籍や長距離便か否かは関係なく、滑走路の端へ到着する“先着順”で発出されるからだ。そこにノロノロとゆっくり走行する航空機が現れたら一体どうなるのか。管制官は多くの航空機を処理するために速く走行している航空機を途中からゆっくり走っている航空機の前に割り込ませるのである。場合によってはゆっくり走っている航空機に横から別の航空機を先に行かせるので、さらにスローダウンしてくれと要求してくることも発生する。管制官は双眼鏡でTAXI中の航空機の動きを見て全体の流れをスムーズにするため、航空機のTAXI速度にも注目しているのである。つまり航空機側と管制官とはいつもTAXI速度によって“ボディランゲージ”を交わしているといってよい。そこでノロノロとゆっくり走っている航空機を発見すると“当該機は特に急いでいないから後回しにすればよい”という気持ちになり、どんどん他の航空機を途中から割り込ませる。これは人情だろう。このような理由でロサンゼルスから成田に向かう便では、パイロットの個人差でTAXI時間が20～40分位の差となってくることもある。私個人では直進では速度を速めにキープして途中から他機を割り込ませることを防ぎ、20分以内に離陸を果たすことを目標としていた。ロサンゼルスやシカゴ、それにニューヨークといった大空港では混雑が常習化しているため管制官とのボディランゲージをしっかりして“我々も急いでいるんだ”という意思表示をしないといつまで経っても飛び上れない事態になり、それはそのまま成

図 5-1　東京国際空港（羽田空港）

空港コード HND / RJTT
位置：東京都大田区
緯度経度：北緯 35 度 33 分 12 秒
　　　　　東経 139 度 46 分 52 秒
標高：6.4m
面積：1,522ha

滑走路（長さ × 幅）：
A 滑走路（16R/34L）3,000m×60m
B 滑走路（04/22）2,500m×60m
C 滑走路（16L/34R）3,360m×60m
D 滑走路（05/23）2,500m×60m
エプロン（バース数）大型ジェット用 174／
中型ジェット用 20／小型ジェット用 28
運用時間：24 時間

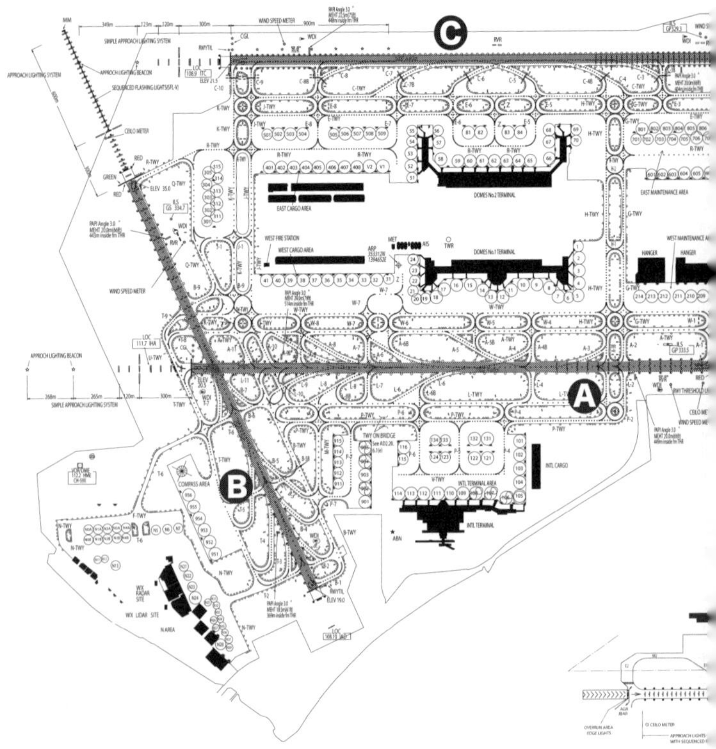

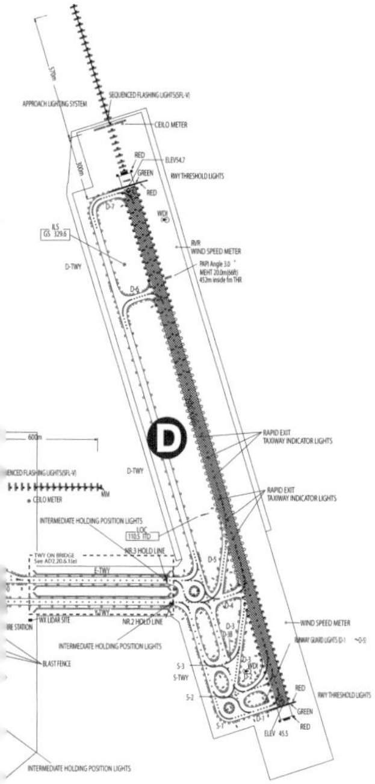

図 5-2　新千歳空港

空港コード：CTS / RJCC

位置：北海道千歳市、苫小牧市

緯度経度：北緯 42 度 46 分 31 秒　東経 141 度 41 分 33 秒

標高 21.3m／面積 719ha

滑走路：A 滑走路（01L/19R）3,000m×60m

　　　　B 滑走路（01R/19L）3,000m×60m

エプロン（バース数）：大型ジェット用 49／中型ジェット用 4／小型ジェット用 9

運用時間：24 時間（22：00〜07：00 は発着制限あり）

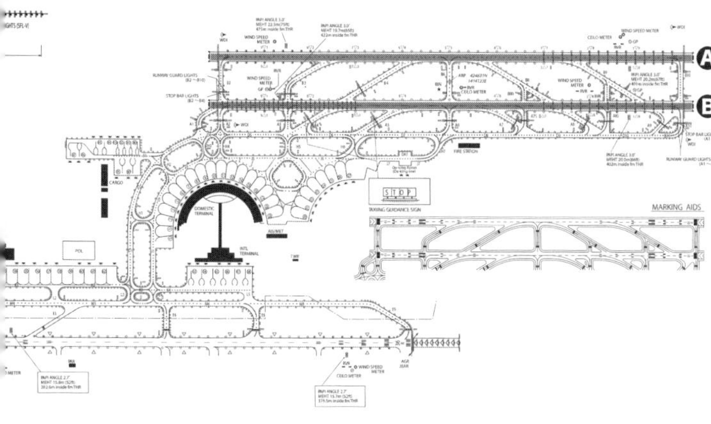

田空港への到着遅れとなって乗り継ぎ客にも迷惑をかけることになるのである。

(2) 航空交通管制からの承認と指示

航空機は定刻に出発しないと遅れがそのまま到着遅れにつながることが多いのは当然である。しかし、航空機側が乗客貨物の搭載が終わり、ドアが閉まり出発準備が整ったとしても管制官からの出発許可がないとゲートから一歩も動くことができない。

管制官からの出発許可はATCクリアランスと呼ばれている。ATCクリアランスとは目的地までの飛行承認であり、ルートや高度、必要に応じて国境通過時刻などの指定を含んで目的地の航空当局や途中通過国の航空当局との調整によって初めて成立するものである。

ATCクリアランスに含まれている事項は次のとおり。IFR機が出発する前に与えられるクリアランスは次の事項のうち必要なものがその順に発出される。

・航空機のコールサイン
・管制承認限界点（クリアランス リミット）
・出発方式（SIDまたはトランジション）
・飛行経路
・高度
・その他必要な事項（REMARKS）

一般的に出発空港の管制官には約一時間前には飛行計画書が提出されてはいるが、実際には旅客が全員ゲートに揃わなかったり、荷物の積み込に時間を要したり、機材のトラブルが発見されたりと定刻通りに出発できるとは限らない。そこで実際に出発準備が揃うであろう５分前（多くの国では10分前）に航空機側から管制官に連絡を入れ、管制官はあらかじめ決めていたルートや高度を許可してもよいか再検討に入ることになる。例えば実際の出発が予定より大きく遅れたために状況が変わり、飛行承認について関係当局と再調整に入ったり、定刻出発であっても予定ルートに同じ高度を要求する別の航空機があったりして希望の高度が得られないがどうするかなどといったやり取りが交わされ、航空機側の納得があって初めてATCクリアランスが発出される仕組みとなっている。特にゴールデンタイムにはTAXIの項で説明したように出発機が重なりそれぞれの出発機に希望通りのルートや高度をアサインするにはどうしても時間差が生じる。成田空港の午前11時には約10便もの同時刻出発便が集中していることを見ても定時出発の困難さがおわかりいただけよう。さてこうしてATCクリアランスが発出されると初めてゲートを離れ、TAXIを行う別の管制官との交信が許可されるのである。

最後に実際のATCクリアランスの例を成田からニューヨーク行きの便で見てみよう。出発時、管制官は次のような用語を使い、ATCクリアランスを発出するのである。

「JAL006・CLEARED・JFK　AIRPORT・VIA・CHOSHI・TWO DEPARTURE RADAR VECTOR・TO・OTR7・PABBA・A590・FLIGHT PLANNED ROUTE・MAINTAIN FL310 SQUAWK 1705」

これを一般の言葉で解説すると要約は次のとおりである。

「JAL006便、JFKエアポートまで、（離陸後）銚子2出発経路およびレーダー管制にて洋上転移経路7へ誘導、その後PABBAポイントから（NOPAC）航路A590以後、飛行計画書通りの飛行を許可、高度は（フライトレベル）31,000フィートを維持、トランスポンダーコードは1705をセットせよ」

(3) 冬期の除雪、除氷作業

定時運航を阻害する原因に出発空港と目的地空港の滑走路、誘導路それに駐機場の除雪作業と航空機自体の防除氷対策がある。

後者について説明すると、航空機が積雪に見舞われると翼では翼型が変わり揚力の低下につながる。また、胴体その他でも抵抗が増加するので離陸性能の大幅な低下となる。

そこで目的別に4種類の防除氷液を散布する必要がある。タイプⅠは着氷した雪や氷を除去する目的で、タイプⅣは事前に機体に散布することで一定時間降雪があっても離陸性能に影響を与

図5-3　アンカレッジ空港での除雪作業の風景

えないようにするものである。

グリコールを使った防氷液は主に翼の上、エンジンの前、胴体の上部に散布され、タイプ別に有効時間（タイプⅣでは約50分）が決められ、その時間以内に航空機は離陸しなければならない。大空港などで混雑などにより離陸に時間を要する場合は、いったん駐機場に引き返し再散布するということも時々発生するので、パイロットは時計とにらめっこすることも少なくない。

私も大雪のシカゴ国際空港でなかなか離陸の順番がまわってこず、あと数分で駐機場へ戻らなければならなかったという場面を経験している。

(4) 航空機の発着枠

混雑が日常的な大空港では発着制限がかけられることが多い。日本では羽田空港で日常的に起きているが、他の空港でも天候や何らかのトラブルが発生すると起こり得る。

羽田空港では、特に夕刻以降は到着便が立て込むため、それぞれの便は出発空港にて出発時刻の調整が行われることが多い。これを「フローコントロール」と呼んでいる。

例えば地方の出発空港の管制官より「VIFNO（Clearance Void If Not Take Off Ground By）time 0815（UTC）」というような指示が入ることがある。つまり「ゲートから離れる時間は自由でATCクリアランスは変更ないが、離陸は日本時間で17時15分までに」などと、というわけである。

外国の管制官によってはこれを「Wheel up time」と呼ぶことがある。WHEEL UPとは車輪が地面から浮き上がるという意味で離陸のことを指す言葉である。フローコントロールは羽田空港に到着機が殺到して管制上通常の着陸処理能力を超えたり、ゲートの数が着陸機数に追いつけないなどの事態になったら発生するものである。しかし、そのようなフローコントロールを行ってもなお上空で各種の調整が行われることがよくある。

例えば大阪から羽田に向かう便では、浜松上空あたりから速度の大幅な減速や、レーダーによって太平洋上30度右へ変針せよなどと指示されることがある。そのうえさらに、伊豆大島やルート上のFIX（地点）で旋回するようにとの、上空待機の指示が出されることもあるのだ。

上空待機となると各航空機は200ノット前後と決められた速度に減速して1周4分ほどのHOLDING　PATTERN（ホールディング・パターン）と呼ばれる周回経路をぐるぐると旋回し、1,000フィート単位の縦間隔を維持しつつ、進入の順番を待つことになる。1周約4分なので5回まわるだけで20分はかかることになり、到着は予定を大幅に超えてしまう。

さて、このように日常的にフローコントロールは発生している。羽田空港で何か不測の事態、例えば大震災が発生したり、どこかの航空機が事故やトラブルを起こし滑走路の点検作業が必要となったりしたら、場合によっては地方からの出発そのものが調整されることもあり得るのである。

(5) 悪天候による迂回や高度変更

予定ルート上に悪天候があるとそれを迂回して飛ぶことになり、計画より余分に飛行時間と燃料が必要になってくる。パイロッ

図 5-4　南大東島付近の航路上に現れた台風の姿を捉えた

トと運航管理者（ディスパッチャー）は悪天予報図やアメダス、それに高度別の上層天気図などを総合して悪天候を予測する。

この場合、悪天候とは台風やサイクロンは当然のこととして、とくに注意が必要なのはCB（積乱雲）やCAT（晴天乱気流）である。雲の種類の中で層雲や積雲は大きな障害にはならない。しかしCBは季節や時刻、それに地域によって勢力や高さが異なるので飛行計画と照らし合わせて迂回方法を考え、場合によっては別のルートの採用も検討することになり、飛行時間が大幅に長くなることもある。

CATはトラフ（気圧の谷）の存在や、上層風や気温の変化データなどから予測するが。これだけでルートを変更することはない。CATへの対応は主に飛行高度を変えることによるが、速度を落としたり、高度変更によって向かい風が強くなったりして飛行時間が長くなることもあり得る。

パイロットが最も気になるCBは特に赤道付近に広範囲に線状に発達するもので、機上レーダーで最も活動が弱い場所を狙って通過することになるが、それでも大きな揺れが伴うと航空機の速度を設計安全速度まで減ずる必要がある。特に東南アジア路線やオセアニア路線のフライトはこのCBの影響で飛行時間に直に影響を与えるといってもいいだろう。

(6) 向かい風は追い風の2倍の影響を受ける

向かい風（ヘッドウインド）成分が大きいか追い風（テールウインド）成分が大きいかによっても飛行時間は大きく変わる。これは、ルートや季節の影響を大きく受ける。

特に偏西風の影響が強い中緯度帯や冬期では行きの便と帰りの便では大きく変わってくる。例として東京からハワイまでの場合、偏西風の弱い夏期では行きも帰りも約7時間30分であるが、冬期の風の強いときには行きは5時間弱程度で着くが、帰りは9時間以上もかかる。

またアメリカ西海岸へのフライトでは、行きは8時間30分、帰りは12時間と、さらに大きな差になる。もっとも米州路線では行きは強い偏西風を味方に中緯度の飛行コースを飛び、帰りは向かい風の少ない高緯度のアラスカ付近のコースを選んでもこの飛行時間の差が生じるので、風の威力はすさまじいものである。偏西風の強いときには時速で200ノット（約360km）、秒速では軽く100mを超えるものがある。

ではここでちょっとしたクイズを出題。

「仮に同じルートで行きと帰りに同じ強さの風が吹いていると

したら飛行時間に与える影響は一体どうなるのだろうか」

　つまり、無風の場合、行きの便の飛行時間が８時間だとしたら、追い風成分によって６時間で到着でき、２時間短くなったとしよう。では帰りに同じ程度の向かい風の中を飛んだら８時間＋２時間で 10 時間となるのだろうか。

　答えは NO である。では正解を計算して求めてみよう。

　出発地と目的地の２地点の距離が 8,000km だとすると、航空機の速度を時速 900km として風の成分をゼロとするならば、航空機の対気速度と対地速度は同じで、飛行時間は 8,000÷900 ≒

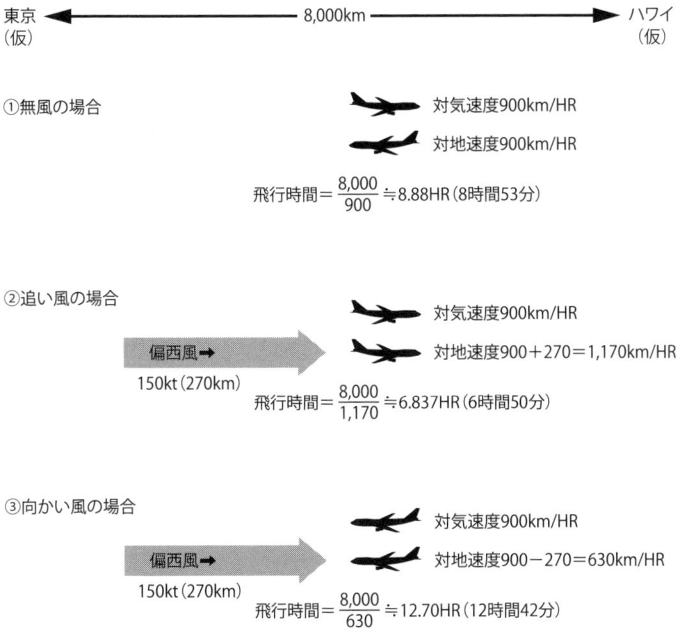

図 5-5　風と飛行時間

8.88時間となる。次に航空機が時速150ノット（270km）の追い風の中を飛んでゆくと仮定すると対地速度は900＋270＝1,170kmとなる。8,000kmの区間を1,170kmで飛ぶと、8,000÷1,170≒6.84時間となる。一方、逆に同じところを同じ150ノット（270km）の向かい風の中を飛ぶと、対地速度は900－270＝630kmとなり、8,000kmの区間を飛ぶのにかかる時間は、8,000÷630≒12.7時間となる。

つまり、飛行時間は無風時に比べ追い風の場合は、8.88－6.84＝2.04時間の短縮になる。一方、向かい風の場合は12.7－8.88＝3.82時間余分にかかる計算となり、向かい風では追い風より約2倍弱の影響を受けることになるのである。

(7) 長距離ほど影響を与える航空機の性能

国内線のような短距離のフライトならどのような航空機でも飛行時間に大きな差はない。

例えばプロペラ機でも実はターボプロップといってジェットエンジンを使った高速回転により、上昇から巡航速度までジェット旅客機と比べてもあまり遜色ない速いものになっている。機材による飛行時間の差は考えなくてもよいだろう。

しかし、長距離を飛ぶ国際線となると事情は大きく異なってくる。例えばボーイング777の巡航速度は時速905kmあるのに対し、ボーイング767は巡航速度862kmと、時速43kmもの差がある。これを約10時間の巡航時間で計算すると実に航線距離にして430km、時間にして約30分以上遅くなる計算だ。

現在のジェット旅客機で最も実用巡航速度が速いのはボーイン

グ747のマッハ0.85であり、経済性重視の亜音速の多くのジェット旅客機はマッハ0.82前後で、しかも重量が上空で少なくなってゆくにつれ巡航速度を減らしていく運航も多い。燃料を消費して飛行重量が軽くなるに従って巡航速度も減らしていくのが一番燃費をよくする飛び方なのである。

ちなみにマッハで0.02異なると３時間で約５分、９時間のフライトでは15分の飛行時間の差となってくるので、ボーイング747では他よりも優に30分以上飛行時間で短くなるということを知っていてほしい。

(8) 出発地と目的地の天候の対処法

民間の定期便が予定通りに出発して目的地に到着できるかどうかの最大のリスクは何といっても出発地と目的地の天候であろう。

出発地で時々問題となるのは風雨が強くて地上での荷物の積み込などのグランドハンドリングが困難となって出発に支障が出るケースがある。次にそれらをクリアして離陸した後は目的地の天候が条件となってくる。

前にも述べたように大手航空会社の中には定刻の20分以内の遅れまでなら定時運航とみなすところもあるくらいなので、多少の向かい風や航路上の悪天候による迂回などでは大幅に遅延することは考えられない。問題はやはり目的地の空港の天候である。悪天候といっても視界、雲高、それに横風などいくつかの要素があるが、計器での着陸なら一昔と比べて雲高によって制限されることはまずなくなった。以前なら地表にべったりと雲がかかっていればその地面からの高さも着陸条件に入っていたが現代では視界の程度で決定されるといってよい。

視程の程度によって運航のカテゴリーが決められ、視程が550m以上をカテゴリー（Ⅰ）運航、300m以上をカテゴリー（Ⅱ）運航、175m以上をカテゴリー（Ⅲ）A、50mをカテゴリー（Ⅲ）B、視程ゼロをカテゴリー（Ⅲ）C（日本には運用できる空港はない）と決められている。

それらは空港のILS（計器着陸）の設置条件や航空機側の機器の装備内容によって細かく規定されていて、空港の滑走路と航空機の装備それにパイロットの資格要件とによって着陸可能な視界レベルがその都度変わってくるわけである。例えば雪の新千歳空港で、ある航空会社の便は着陸をやめて他の代替空港に行ったり出発空港に戻ったりするのに、別の航空会社の便は着陸したりすることがあり、ときに乗客や出迎えの人から航空会社へクレームが寄せられることもある。

それは同じ天候の条件下でも使用機材やパイロットの社内での経験、資格要件、それに各航空会社別の横風制限値などによって十分にありうることなのである。このうち横風による運航制限は羽田空港など複数の方向別の滑走路を持つ空港では台風などよほどの天候でない限り発生しないと考えてもよいだろう。

さて、このように目的地の天候が悪く着陸が難しくなった場合、パイロットはどう行動するのか。方法は次の３通りしかない。

① 上空待機しながら天候の回復を待つ。

② 代替空港に向かう。

③ 出発空港に戻る。

最終的には機長の判断によるが、多くの場合、航空会社の運航管理者（ディスパッチャー）を通して会社の運航責任者と協議が行われる。目的地の空港から近くの代替空港（ただし、天候は問題ない場合）まで向かう燃料を残し、ギリギリまで上空待機をするか、早期の天候回復はないと判断して代替空港に向かうか、それとも出発空港に戻るかさまざまファクター（要素）を計算して結論が出されるのである。

そして、後者の場合、多いのは時間と燃料かかっても出発空港に戻るケースである。しれは乗客と機材それに乗員のハンドリングがやりやすいからである。多くの乗客にとってみれば出発空港に戻るよりも目的地に近い代替空港に着陸して天候回復を待って再度目的地に向かうか、代替空港からバスや鉄道で目的地に向かうほうが便利であるが、ここは航空会社側の事情が優先するといってもよいだろう。

(9) 空港への進入経路と滑走路の方向

航空機は、目的地に近づいても必ずしも最短距離で着陸することができるとは限らない。これが鉄道との大きな違いの一つであろう。

まず、地方空港の場合、管制官の指示により最終進入コースに効率よく誘導できる態勢が整っていないため、一度空港の上空まで一定の高度で到達してからSTAR（スタンダード・ターミナル・アライバル・ルート）と呼ばれる進入方式に従って空港を離れ高度を順次下げていく方法がとられる。

また地方空港では、付近に高い山があることも多く、それらの高さ以上で飛びながら段階的に高度を処理することになる。加え

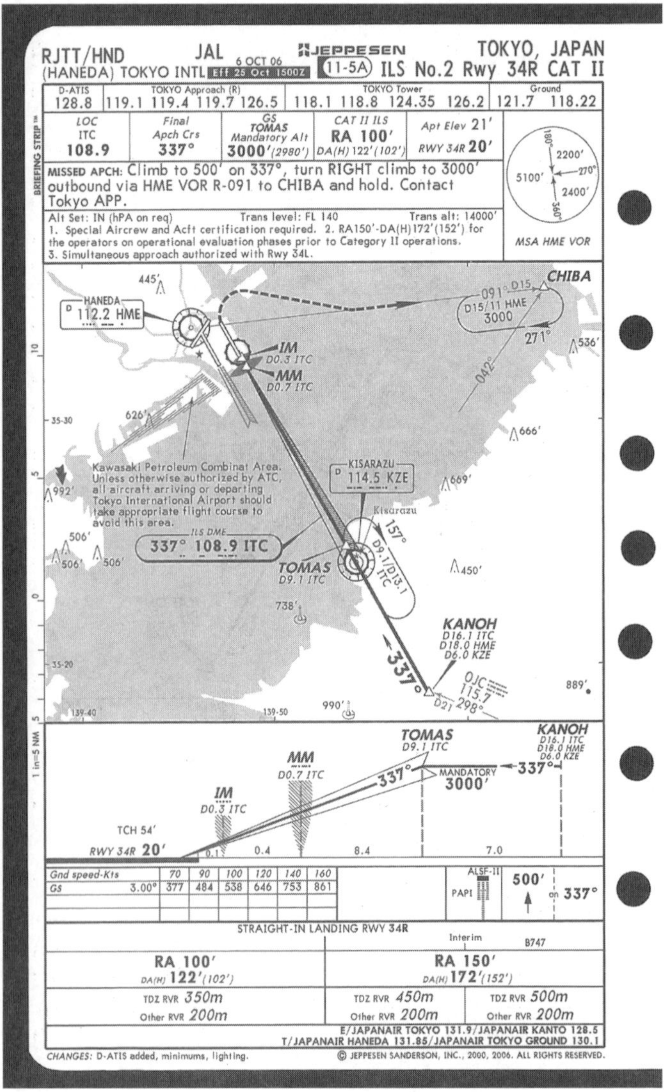

図 5-6　羽田空港への進入経路（ジェプセン社）

て20か所以上の地方空港には管制官そのものがおらず、代わりに「RADIO」と呼ばれる通信施設が設けられている。これを使用し、航空管制運航情報官が航空機に管制機関からの指示や情報を伝えるが、その業務上の性格から進入航空機への変針や降下、それに着陸の指示が出せない。

そのため、たまたま他の空港から別の航空機と到着が重なると、一方がSTARによって着陸を果たすまで上空待機しなければならない。このSTARだけで約10分はかかる上に順番待ちの上空待機が重なるとかなりの遅延となる。STARは大空港でも必ず設定されているが、実際には台風などでレーダーの機能が失われていない限り、進入管制官のレーダーによる管制によって効率よく最終進入開始地点近くまで誘導してくれる。

しかし、大阪の伊丹空港のように北側の六甲山系によって計器着陸が設定できない空港では、南風の場合、航空機は風に向かって着陸する必要がある以上、一度市内から北西方向に有視界飛行で飛んで六甲山系側からぐるりと回り込んで着陸を果たす必要がある。このような進入を周回進入（サークリング・アプローチ）と呼んでいる。

「運悪く」南風にあたると通常の到着より約10分は余分に時間がかかることになるが、このような周回進入がかなり多くの空港で運用されているので、所要時間の差こそあれ、飛行計画上の飛行時間よりは多くかかることを知ってほしい。

この他に、レーダーによって計器着陸が可能なのに使用滑走路の向きによって大幅に到着が遅れるケースがある。関西国際空港の滑走路24への進入、つまり、南や西風のときに使用するケースである。この場合は、羽田などからやってきた航空機もすべて一度徳島県鳴門海峡付近を経由して淡路島を南西側から縦断する形で今度は神戸空港の上空を通り、東へ進んでから最後は大きく右旋回して着陸することになっている。和歌山市沖付近から北側にまっすぐ進入する滑走路06と比べて、この方法だと約15分は余分に時間がかかることになる。

航空機で15分間もあれば、計算すると約220km、東京から名古屋付近までの距離を飛ぶことができる。

この関西国際空港の滑走路24はひどい例であるが、同じような例に福岡空港の滑走路34があり、天候上、計器着陸方式が使われるときがある。やはり、いったん佐賀県、場合によっては熊本県北部の空域を飛び、南西側から北へ進入する関係で、飛行計画で予定していたコースと比べて大幅な時間超過となる。高い頻度で関西国際空港や福岡空港への便を利用される方にとって、時々「今日はずいぶん時間がかかるなあ」と感じることがあると思われるが、原因はこのような事情からきていることをご理解いただきたい。

最後に、新幹線と最も競合する東京（羽田）と大阪（伊丹）を結ぶ大阪線でなぜ飛行時間がもっと短くならないか、それはひとえに米軍の横田空域の存在である。横田飛行場へ離発着する航空機の出発、進入のための空域が神奈川県に広く設定されているため民間航空機は迂回して飛ぶ必要がある。このため、羽田を離陸した航空機はいったん目的地とは反対方向の千葉県から埼玉県の方向に飛行して十分な高度を得て再び羽田空港の上空に戻るという出発方式が採用され、大きな飛行時間と燃料の損失となってい

横田空域の存在は民間航空機の効率的な飛行の妨げになっています

■首都圏の空域（平面図・立体図）

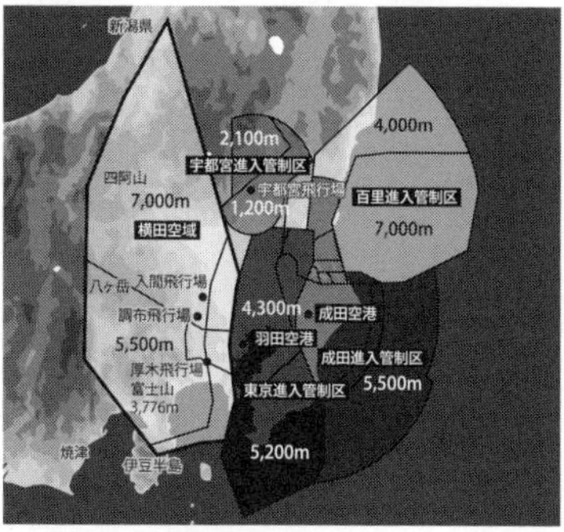

横田空域とは…

航空機は、上空の決められた領域の中を飛行しています。

現在、首都圏には飛行空域が5つ存在しています。横田空域は、羽田空港の西側に位置する首都圏最大の飛行空域ですが、現在は在日米軍の管理下にあります。

羽田空港からの出発経路

西方面行きの出発便は、大阪行き(*)を除き、横田空域を避けて、その上空を通過しなければなりません。

このため、羽田空港を離陸した航空機は、あらかじめ東京湾内で大回りしながら、横田空域上空を飛び越えるための高度まで上昇を行う必要があります。

(*)羽田発大阪行きについては、横田空域が通過可能となるよう、1962年に運輸省と米軍との間で特別に措置されましたが、横田空域通過後、最適飛行高度まで再上昇しなければならず、依然、非効率な飛行となっています（2008年に一部改善され3分早くなった）。

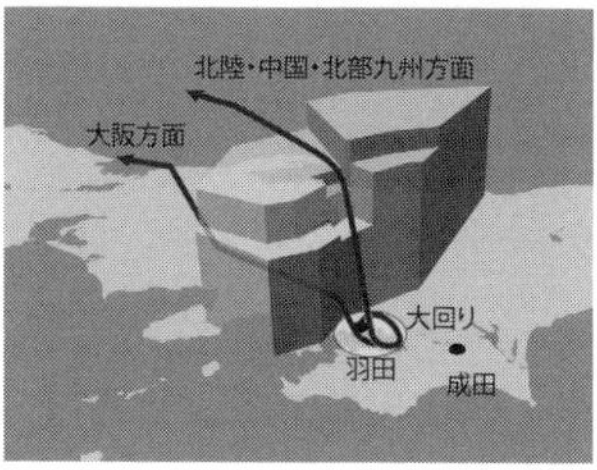

羽田・成田空港への到着経路

西方面から羽田空港へ向かう到着便も、横田空域を避けて飛行しています。

また、中国、韓国から成田空港へ向かう到着便も同様の迂回経路を飛行しています。

さらに、羽田空港行きと成田空港行きは同じ経路を飛行しなければならず、混雑が発生しています。

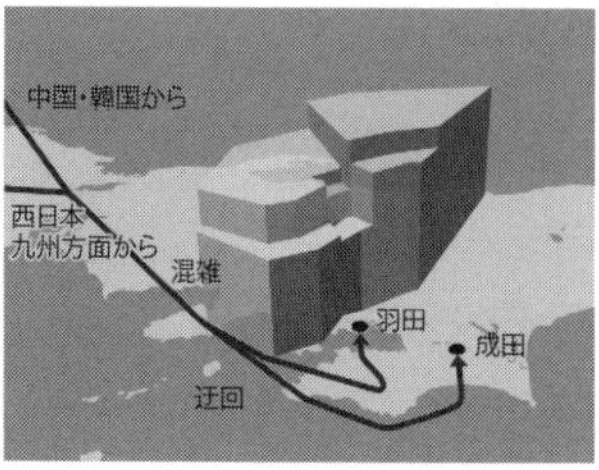

「定期航空協会」資料を元に作成

図 5-7　横田空域

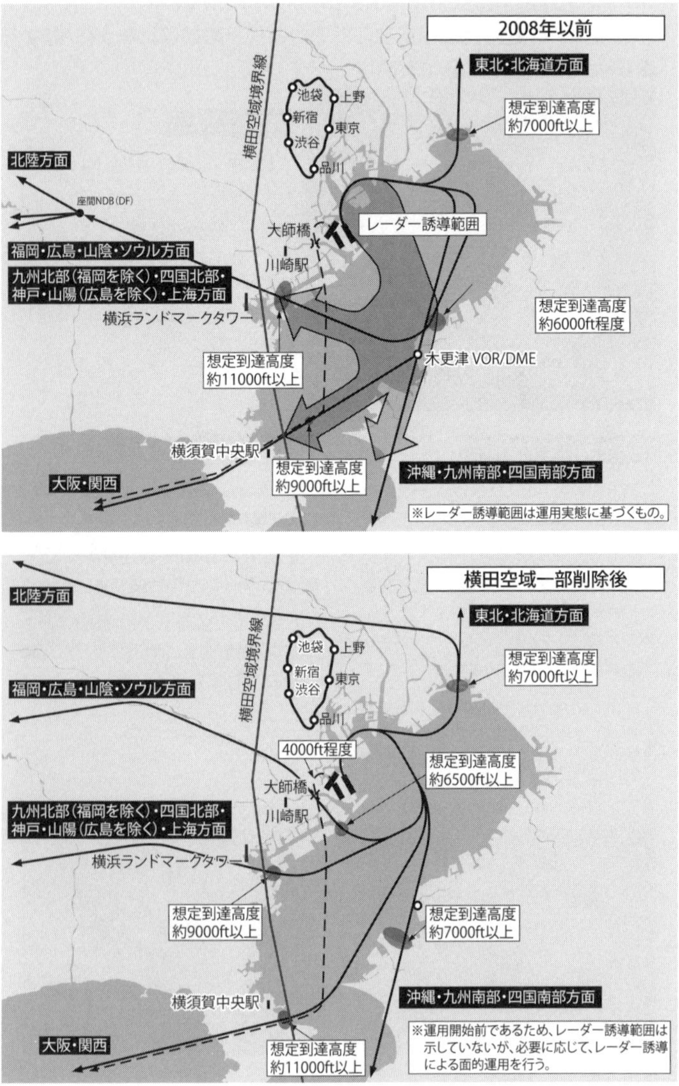

図 5-8　羽田空港における出発経路構成

た。現在は横田空域の制限が大阪行きの便に限り、一部緩和されたものの大阪便はD滑走路の使用が基本となり、ゲートから沖合のD滑走路まで15〜20分のTAXI時間がかかることによって、結局はかなりの時間を要する結果となっている。

一方、大阪便も含めすべての西から羽田への到着便は伊豆大島付近を経由して房総半島上空からの進入となっている。この理由も横田空域の関係である。

(10) 想定外の事態

航空機の運航に影響を与える不測の事態、それは地震、津波、火山噴火、それに台風などの悪天候や事故の発生は当然のことながら、実は日常的によく起こる事態がある。最も多いのは離着陸機が滑走路を走行中に異変があったと管制官に報告してくる場合である。タイヤやブレーキからの異常振動などによってタイヤの破片が滑走路上にあるかどうかの点検ともなると少なくとも約20分間は滑走路が閉鎖されることになる。次に緊急事態を管制官に宣言した航空機が現れると他のすべての航空機は上空待機などによって滑走路の安全が確認されるまで待たされることになる。緊急着陸と宣言がなされれば消防車が待機し、着陸できても滑走路上に部品や油などが散乱しているかをチェックする必要が生じ、やはり一時的に滑走路が閉鎖されることもある。そして、これは滅多に起こることではないが（あっては困る）、離陸の許可なく誤って滑走路に進入したり、離陸の許可が出ているのになかなかスムーズな滑走を始めなくて着陸機がゴーアラウンド（着陸復行）させられるケースである。そのようなタイミングにあった航空機は再上昇して再び進入着陸態勢に入るのに少なくとも約15分はかかることになる。もっとも混雑時では管制官が着陸機の前に出発機を滑走路に進入され、すみやかな離陸を促してもいろいろな事情で離陸滑走が遅れ、やむなく安全のために着陸機にゴーアラウンドを指示するということはよくあることである。

(11) 羽田新ルートについて

羽田空港への到着便がダイヤ通りに定刻に着くことが難しい問題が起きている。2020年3月末以降の夏ダイヤから今後将来にわたり東京都心上空を進入着陸に使う新ルートが原因である。すでにマスコミや国会でもその安全性（墜落事故と落下物）と騒音が問題となっているが､実は定時性にも大きな影響を与えている。

羽田新ルートは、羽田空港で南風が吹く時に15時から19時までの間で3時間を運用するというもので、運用は年間を通して行われる。ちなみに夏期で南風が吹く割合は約7割、冬期では約3割とのデータがある。これまで南風時に運用されてきた進入ルートはすべて千葉付近から東京湾の海上をB滑走路（R/W22）とD滑走路（R/W23）に向けて進入するものであった。

図を見てもらうとわかるように新ルートは埼玉県上空にいったん向かい、そこからぐるり左旋回する形で北から南へA滑走路（R/W16R）とC滑走路（16L）に進入することになっている。この運用によって一部、中国、韓国など山陰地方から横田空域を避けて新潟県から日光を経由する便を除き、多くの便がこれまでより遠回りする形になり、飛行時間はこれまでより長くなる。特に大阪、福岡それに沖縄をはじめとする南西から羽田を目的地と

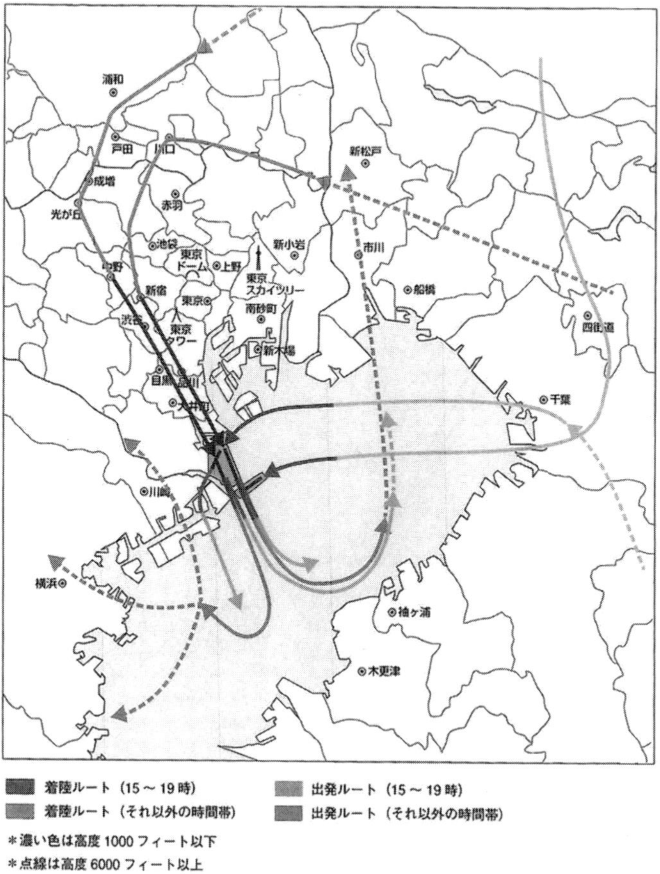

図 5-9　羽田増便に伴う新飛行ルート

する便ではこれまでよりかなり飛行時間は長くなる。

パイロットとしては何とかして定時到着を目指して努力しても、南風の季節では偏西風による追い風も弱く、時間を取り戻すことは簡単ではない。

私の試算ではこれまでよりも5分から7分は余分に時間がかかるはずである。そして特に夕刻の18時前後では到着便のピークに当たり、混雑のため上空待機や出発地での出発時刻調整が頻繁に行われる可能性もある。

この点について、私が現場の管制官に話を聞くと、「「新ルート」での進入方式が導入され、地上の誘導路の運用が非常に複雑になった。羽田空港が最も混み合うのは18時前後とされているが、伊丹、札幌、福岡などの大都市から羽田空港にやって来る航空機は、50分から1時間遅れるのが普通になるのではないか」とのことであった。

こうした遅延は、これまでもお盆、年末年始の繁忙期にあり、各地から羽田に向かうフライトで行われている。「フローコントロール」とよばれるものである。

簡単にいうと、羽田空港が混んでいるときには、進入の順番待ちのため伊豆大島の上空で待機、あるいは浜松付近の上空で待機とったように、あちこちで待機することになる。しかし、上空での待機はとても燃料を必要とするため効率的とはいえない。これをできるだけ少なくするために、出発地で地上待機をし、離陸時間を調整する。「あなたの便は何時以降に離陸」と、順番を振り分けて出発を調整するのである。これがフローコントロールである。

今後、都心新ルートの運用により、日本の各地から羽田空港に向かう航空機に対し、このフローコントロールが多用されると言われている。

次に定時到着を妨げるもう一つの要因を挙げておきたい。それは新ルートでの進入で航空機が不安定になり、ゴーアラウンド（着陸復行）せざるを得ない状況が増えることが考えられることだ。

一般に航空機が進入着陸を中止してゴーアラウンドすると他の多くの進入機の後に回されて、およそ20分以上の到着遅れが発生する。ゴーアラウンドが増える理由は、新ルートでのアプローチ（進入）が世界の大空港では例のない3.45度という急角度のRNAVアプローチを行うために降下率が過大になり「スタビライズド・アプローチ」と呼ばれる。運航規定を守れなくなる状況が増えるためである。この規定は急降下からの着陸は操縦上、危険が伴い、事故が多いことからできた。そのため、日本のすべてのエアラインでは最終進入時に、毎分1,000フィート以上の降下率となれば進入を中止し、ゴーアラウンドしなければならないという規定がある。ボーイング777やエアバスA350といった大型機で着陸重量が大きいときには、この降下率の制限を超えることが計算上も明らかになっているのである。

通常の進入時の角度は3.0度が世界標準であるが、新ルートでは米軍の横田空域との関係で3.45度という急角度となった。加えてこの角度は15℃の標準大気での値であって、仮に猛暑日に気温が35℃になると降下角は3.7度を超えることになる。そうなると小中型機でも毎分1000フィートの降下率を超える可能性が出てくるのである。

羽田新ルートこのように定時到着を難しくする多くの要因を抱えていて､私はこれまで運用してきたルートに戻すべきと考える。国土交通省によると羽田空港での増便のために羽田新ルートは必要としているが、AとCの滑走路に北から南へ平行する形での進入と、新たに設定されたB滑走路を西に離陸させる運用を合わせても年間 1.1 万回、羽田空港全体の発着枠のわずか 2.5％の発着増に過ぎない。

一方、成田空港では 2020 年現在、最大年間発着枠 30 万回に対し 26 万回とまだ 4 万回枠が残されており、増便分はすべて成田で吸収できる計算である。したがって安全問題や騒音問題もさることながら、定時運航にも羽田新ルートは問題を抱えていると考える。

第６章　飛行機ダイヤにみる路線ごとの特徴

(1) ヨーロッパ路線

日本の羽田、成田、中部、それに関西国際空港からヨーロッパに向かう便の出発は昼前後に集中している。それはヨーロッパ各地で乗継やゆっくりとした夕食をとれる午後遅くから夕刻に到着するダイヤを組んでいるためである。航空会社や旅行会社にとっても比較的ゆっくりの昼前後であれば集客上も好都合であるし、国内線からの乗継便を利用した地方からの旅行客も当日の出発で済む。そのためにこのゴールデンタイムには航空各社のヨーロッパ便が重なり激しい競争となっている。

目的地はロンドン、パリ、フランクフルト、ヘルシンキ、ブリュッセル、ミラノ、チューリッヒなど多くのヨーロッパの都市へ複数の便を出発させる航空会社も少なくない。しかしそれらはすべてロシアのシベリア上空を経由するわずか２本の航空路に合流する必要から出発調整や航空路の長短、それに使用機材の運航速度などによってダイヤ通りにヨーロッパの目的空港に無事たどり着けるかは運の要素も多分に含まれる。

まずは、ヨーロッパ線のダイヤは一体どのような要素で影響を受けるのかを順次説明していきたいと思っているが、その前にヨーロッパ線の歴史についても今日の事情に関係するところもあるので、簡単に振り返ってみることとする。

【ヨーロッパ線の歴史】

日本などの極東地域からヨーロッパに向かう航空便は 1930 年代にエールフランスや KLM オランダ航空が乗継を前提として東南アジアや中東などを経由する、いわゆる「南回りヨーロッパ線」としてスタートしたのが始まりである。

1940 年代には英国海外航空などが一部のアジアの国から直行便も開設したが、ほとんどの航空会社は多くの途中空港に寄港あるいはテクニカルランディングといって主に給油を目的として多くの離着陸を繰り返しながらヨーロッパにたどり着くことができたのである。それはフランス、オランダ、イギリスを代表するナショナルフラッグキャリアーがインドシナやインドネシア、それにオーストラリアといった植民地と宗主国とを結ぶための航空路を飛ぶことから始まった。しかし当時はどの国の航空設備や管制も未発達でジェット旅客機も現在のように航続距離を長くできるファンエンジンも開発されておらず、東南アジア、インド、パキスタン、中東、北アフリカなどの自国の植民地や友好国の空港に立ち寄る必要があり、実に多くの時間を要したものであった。

日本航空でも羽田から香港、バンコク、ニューデリー（カルカッタ、ボンベイ）、テヘラン（カラチ）、カイロ（ベイルート）を経由してヨーロッパの中で最も南のローマに到着。そこからはパリとロンドンにローマ駐在の乗務員が引き継ぐという方法であった。東京オリンピックが開催され、新幹線が開業された 1964 年のダイヤを見ると、羽田を 14 時 20 分に出発し、ローマに到着するのがなんと翌日の 7 時 15 分という大変な長旅であった。ちなみにパイロットは羽田からローマまで途中バンコクやテヘランに宿泊しながら次の便を乗務する形で往復 11 日間の出張、客室乗務員はロンドンまで行って折り返すので、18 日間の出張で、まさに船乗りのような生活を送っていたものであった。

このような中にあって、1970 年代後半にエールフランスが北京、カラチを経由する「シルクロード特急」を、ルフトハンザ航空はカラチのみを経由する方法で北極回りより速い便を、さらにスイス航空では東京からボンベイ（ムンバイ）のみの寄港で「スイス特急」の異名で呼ばれた便を運航していたのも特筆できよう。

そして、ヨーロッパ線はその後、北極経由という便利なルートが開発された。それは当時、北欧の盟主 SAS（スカンジナビ航空）がコンパスの使えない極地をグリッドナビゲーションという航法を開発することで北極上空の飛行に成功し、これによって東京からもアラスカのアンカレッジでの給油を経て北極回りでヨーロッパの各地とを結ぶルートが長い間主要なヨーロッパ線として使われることになったのである。

やはり 1964 年のダイヤを参考にすると羽田を夜の 22 時 30 分に発ち、コペンハーゲンには翌日の朝 6 時 55 分、ロンドンには 8 時 45 分、パリには 13 時 45 分に到着するというものであった。東京からロンドンまで所要時間で南回りヨーロッパ線と北極回り（北回り）ヨーロッパ線とでは、前者が 29 時間 50 分に対し、後者では 19 時間 15 分と大幅な短縮となった。余談になるが、当時アンカレッジに降りてアメリカに入国する者は、我々日本航空の乗務員くらいしかなく、アラスカの観光が注目されるのはそのずっと後になってからであった。そして我々は“アンク”と呼んでいたアンカレッジ空港で働いていたうどん屋さんや免税店の

“おばちゃん”たちはその後どうなったのか、北回りヨーロッパ線の話になると必ず出る話であるが、私が2005年前後に貨物便で宿泊していたころ、現地の店で聞くとホノルルや他の免税店などに転勤したり、地元で転職したりしてなんとか生計を立てているという話が出てきたが、これも昔話となっている。

これまでの南回りと北回りのヨーロッパ線と並行しつつ、日本からヨーロッパへ向かうルートとして新しく登場したのがシベリア上空を経由する、いわゆる「モスクワ線」であった。

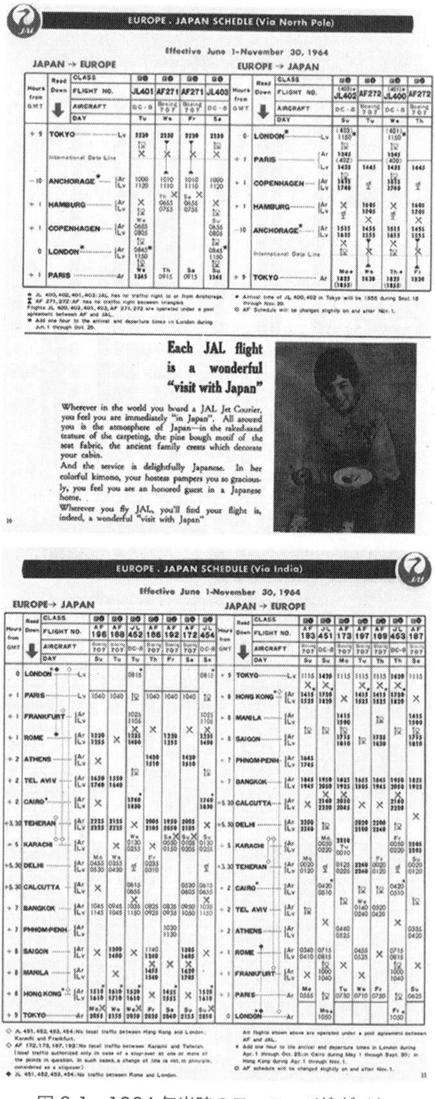

EUROPE . JAPAN SCHEDLE (Via North Pole)

Effective June 1-November 30, 1964

JAPAN → EUROPE

Hours from GMT	FLIGHT NO.	JL401	AF271	AF271	JL403
	AIRCRAFT	DC-8	Boeing 707	Boeing 707	DC-8
	DAY	Tu	We	Fr	Sa
+9	TOKYO Lv	2230	2230	2230	2230
	International Date Line	×	×	×	×
−10	ANCHORAGE* Ar / Lv	1000 / 1120	1010 / 1130	1010 / 1110	1000 / 1120
+1	HAMBURG Ar / Lv	×	Th 0655 / 0755	Sa 0655 / 0755	×
+1	COPENHAGEN Ar / Lv	We 0655 / 0805			Su 0656 / 0805
0	LONDON* Ar / Lv	0845* / 1150			0845* / 1150
+1	PARIS Ar	We 1345	Th 0915	Sa 0915	Su 1345

EUROPE → JAPAN

Hours from GMT	FLIGHT NO.	(403)* JL402	AF272	(401)* JL400	AF272
	AIRCRAFT	DC-8	Boeing 707	DC-8	Boeing 707
	DAY	Su	Tu	We	Th
0	LONDON* Lv	(403) 1150*		(401) 1150*	
+1	PARIS Ar / Lv	1345 (402) / 1435	1445	1345 (400) / 1435	1445
+1	COPENHAGEN Ar / Lv	1615 / 1740		1615 / 1740	
+1	HAMBURG Ar / Lv	×	1605 / 1705	×	1605 / 1705
−10	ANCHORAGE* Ar / Lv	1515 / 1635	1455 / 1555	1515 / 1615	1455 / 1555
	International Date Line	×	×	×	×
+9	TOKYO Ar	Mo* 1825 (1855)	We 1830	Th* 1825 (1855)	Fr 1830

* JL 400, 402, 401, 403: JAL has no traffic right to or from Anchorage.
AF 271, 272: AF has no traffic right between triangles.
Flights JL 400, 402, 401, 403, AF 271, 272 are operated under a pool agreement between AF and JAL.
* Add one hour to the arrival and departure times in London during Jun. 1 through Oct. 29.
* Arrival time of JL 400, 402 in Tokyo will be 1855 during Sept. 18 through Nov. 30.
AF Schedule will be changed slightly on and after Nov. 1.

Each JAL flight is a wonderful “visit with Japan”

Wherever in the world you board a JAL Jet Courier, you feel you are immediately “in Japan”. All around you is the atmosphere of Japan—in the raked-sand texture of the carpeting, the pine bough motif of the seat fabric, the ancient family crests which decorate your cabin.
And the service is delightfully Japanese. In her colorful kimono, your hostess pampers you so graciously, you feel you are an honored guest in a Japanese home.
Wherever you fly JAL, you'll find your flight is, indeed, a wonderful “visit with Japan”

EUROPE . JAPAN SCHEDULE (Via India)

Effective June 1-November 30, 1964

EUROPE → JAPAN

Hours from GMT	FLIGHT NO.	AF 196	AF 188	JL 452	AF 186	AF 192	AF 172	JL 454
	AIRCRAFT	Boeing 707	Boeing 707	DC-8	Boeing 707	Boeing 707	Boeing 707	DC-8
	DAY	Su	Tu	Tu	Th	Fr	Sa	Sa
0	LONDON Lv			0815				0815
+1	PARIS Lv	1040	1040		1040	1040	1040	
+1	FRANKFURT Ar / Lv			1025 / 1105				1025 / 1105
+1	ROME Ar / Lv	1220 / 1255	×	1335 / 1400	×	1220 / 1255	×	1335 / 1400
+2	ATHENS Ar / Lv	×			1430 / 1510		1420 / 1510	
+2	TEL AVIV Ar / Lv	1630 / 1740	1530 / 1640					
+2	CAIRO* Ar / Lv	×		1740 / 1830				1740 / 1830
+3.30	TEHERAN Ar / Lv	2225 / 2335	2125 / 2235	×	2005 / 2105	1950 / 2050	2005 / 2105	×
+5	KARACHI Ar / Lv		×	We 0130 / 0255	×	Sa 0050 / 0150	Su 0105 / 0205	Su 0130 / 0255
+5.30	DELHI Ar / Lv	Mo 0455 / 0530	We 0355 / 0430		Fr 0235 / 0310			
+5.30	CALCUTTA Ar / Lv	×		0615 / 0655			0530 / 0605	0615 / 0655
+7	BANGKOK Ar / Lv	1045 / 1145	0945 / 1045	1035 / 1130	0825 / 0925	0835 / 0935	0950 / 1050	1035 / 1130
+7	PHNOM-PENH Ar / Lv					1030 / 1130		
+8	SAIGON Ar / Lv	×	1300 / 1400	×	1140 / 1240		1305 / 1405	×
+8	MANILA Ar / Lv		×		1455 / 1540	×	1620 / 1705	
+8	HONG KONG* Ar / Lv	1510 / 1610	1610 / 1710	1520 / 1610	×	1455 / 1555	×	1520 / 1610
+9	TOKYO Ar	Mo 2055	We 2155	We 2050	Fr 2020	Sa 2040	Su 2155	Su 2050

JAPAN → EUROPE

Hours from GMT	FLIGHT NO.	AF 193	JL 451	AF 173	AF 197	AF 189	JL 453	AF 187
	AIRCRAFT	Boeing 707	DC-8	Boeing 707	Boeing 707	Boeing 707	DC-8	Boeing 707
	DAY	Su	Su	Mo	Tu	Th	Th	Sa
+9	TOKYO Lv	1115	1420	1115	1115	1115	1420	1115
+8	HONG KONG* Ar / Lv	1415 / 1525	1730 / 1820	×	1415 / 1525	1415 / 1525	1730 / 1820	×
+8	MANILA Ar / Lv			1415 / 1500				1415 / 1500
+8	SAIGON Ar / Lv			1715 / 1810		1735 / 1830		1715 / 1810
+7	PHNOM-PENH Ar / Lv	1645 / 1745						
+7	BANGKOK Ar / Lv	1845 / 1945	1950 / 2050	1825 / 1925	1655 / 1805	1845 / 1945	1950 / 2050	1825 / 1925
+5.30	CALCUTTA Ar / Lv	×	2140 / 2230	2010 / 2045	×	×	2140 / 2230	×
+5.30	DELHI Ar / Lv	2200 / 2240			2020 / 2100	2200 / 2240		
+5	KARACHI Ar / Lv		Mo 0030 / 0220	2310 / Tu 0010			Fr 0030 / 0220	2205 / 2305
+3.30	TEHERAN Ar / Lv	Mo 0020 / 0120		0125 / 0225	2240 / 2340	Fr 0020 / 0120		Su 0020 / 0120
+2	CAIRO* Ar / Lv		0420 / 0510				0420 / 0510	
+2	TEL AVIV Ar / Lv				We 0140 / 0240	0320 / 0420		
+2	ATHENS Ar / Lv		×	0440 / 0525			×	0335 / 0420
+1	ROME Ar / Lv	0340 / 0410	0715 / 0815		0455 / 0525	×	0715 / 0815	
+1	FRANKFURT Ar / Lv	×	1000 / 1040	×	×		1000 / 1040	×
+1	PARIS Ar	Mo 0555		Tu 0730	We 0710	Fr 0730		Su 0625
0	LONDON Ar		Mo* 1050				Fr* 1050	

◇ JL 451, 452, 453, 454: No local traffic between Hong Kong and London, Karachi and Frankfurt.
◇ AF 172, 173, 187, 192: No local traffic between Karachi and Teheran. (local traffic authorized only in case of a stop-over at one or more of the points in question. In such cases, a change of site is not, in principle, considered as a stopover)
◆ JL 451, 452, 453, 454: No traffic between Rome and London.
All flights shown above are operated under a pool agreement between AF and JAL.
* Add one hour to the arrival and departure times in London during Apr. 1 through Oct. 25; in Cairo during May 1 through Sept. 30; in Hong Kong during Apr. 1 through Nov. 1.
AF schedule will be changed slightly on and after Nov. 1.

11

図6-1　1964年当時のヨーロッパ線ダイヤ

歴史的には1966年に日本政府とソビエト連邦政府（以下、ソ連）との間で航空協定が結ばれ、日本航空とアエロフロートが日本とヨーロッパとを飛ぶ運航が許可された。翌1967年4月からまず両者の共同運航便としてアエロフロート航空のプロペラ機、ツポレフTU・114型機による運航が開始され、1970年3月からは日本航空ではDC・8・62型による自社運航が開始された。

私も1974年から数年間モスクワ線に乗務して、モスクワ経由のパリ、ロンドン、フランクフルト、ローマ、コペンハーゲンの各都市へ6日間の出張フライトを繰り返した。当時最新鋭のDC・8・62型機が使われたのはINS（慣性航法装置）を2台搭載していたために極めて正確に航路を飛ぶことができたので、ソ連側の軍事上の条件を満たすことができたことによる。それまでのDC・8では地文航法、ドップラーレーダーやロランによるナビゲーションによるもので、電波の状況によってルートの中心からかなりオフコースすることがあり、偵察行動にピリピリしていたソ連からしてみると62型機投入によって一安心したものであろう。

しかしそれでも計器の誤差や雲をよけるため、瞬間ルートから1マイル程度でもずれると地上の管制官がレーダー上コースをずれているので直せと注意してくるくらいであった。モスクワ線のダイヤは毎日1便羽田を11時に出発し、モスクワの昼に着き、そこから曜日によって異なったヨーロッパ各都市に向かい、それぞれ夕刻に到着。帰りは昼ごろにヨーロッパを出て、モスクワへ午後に、そして夕刻にモスクワを発って羽田には翌朝の11時に到着するというダイヤであった。

モスクワ線のルートは日本海を北上し、沿海州のエデンカ（DEという無線標識のある村）からシベリア大陸に入っていた。そこからモスクワまでは今日の直行便よりも少し南側を飛び、モスクワからはバルト海のラトビア上空を経由する。ただし、ローマ便だけはポーランドのワルシャワ、クラコウ、そしてユーゴスラビアの上空を飛ぶコースであった。

この日本からのモスクワ経由ヨーロッパ線は北回りヨーロッパ線よりもさらに飛行時間が短縮され、シベリア上空は気流が安定して揺れが小さいこともあって常連客に好まれたが、何しろ1日DC・8・62型でファーストクラスとエコノミークラス合計150人の乗客しか運べないし、目的地も曜日によって変わり、週に1便のことも少なくなかった。

しかし、現在のように便数も多くなく、ソ連国内の飛行承認やヨーロッパ各国の飛行承認（すでにオランダのマーストリヒト航空センターが一元的に行っていた）、それにポーランドやユーゴスラビア各国との調整もスムーズで、出発調整による遅れはほとんど発生していなかった。加えてDC・8・62型の巡航速度は音速の0.82倍と今日の民間旅客機と比べても速いほうで、乗客乗務員ともに快適なフライトが楽しめたと思っている。

ただ、パイロットにとっては、高度はすべてメートル（今日ではメートルとフィートの両方が使用されている）が使用され、管制官とのやり取りでいちいち換算表を用いてメートル計とフィート計の両方を使うという煩雑さがあった。それに外国機以外はすべてロシア語で管制するものであるから、他の航空機の位置情報がわからず、TCAS（衝突防止装置）のない時代、ニアミスの不安がいつも付きまとっていたものである。

COLUMN ❹

ヨーロッパ線の乗務で体験したカルチャーショック

本書の主旨とは関係ないまったく個人的な事柄であるが、南回りヨーロッパ線から始まって、モスクワ線の乗務によって得た体験を書き残しておきたい。1971年から1976年までの出来事で、今から半世紀近く前の事である。それをかなり古いと感じるか、あるいはほんの少し前と思うかはその人次第であろうが、私の人生では初めて触れたヨーロッパ。毎回のフライトでの体験はカルチャーショックの連続であった。同年代の読者の方は、そんなこともあったなと笑い飛ばしていただけたら幸いである。

「**ボンゴレ・スパゲティー**」。1970年初頭、イタリアで初めて食べたあさり入りのスパゲティは革命的なショックであった。日本にまだナポリタンしかない時代である。

「**羽毛布団**」。コペンハーゲンのホテルで味わったふわふわ感覚はあまりにも衝撃的。

「**モスクワで『通貨のヤミ交換』を知る**」。ホテルなどで両替する人は見たことがなく、公定レートの10倍以上によってボリショイ劇場でロジェストビンスキー指揮の「白鳥の湖」が500円の社会。

「**チップはチューインガム1枚**」。東欧ではどこでもチップは現地通貨よりガムなどを欲しがった。ベッドチップはなんとガム１枚で、その後はストッキングへとエスカレート。
「**日常的な航空テロ**」。日本航空も世界中で狙われ、私もコペンハーゲンからのモスクワ便で爆弾テロ（本当に機内にあった）による恐怖の引き戻しを経験。

【今日のヨーロッパ直行便】

日本各地からのヨーロッパ直行便はシベリアの上空を必ず飛行するが、それは旧ソ連が崩壊した1990年代以後のことである。ロシアは上空通過料によって外貨を稼ぐ目的で広くシベリアを開放したのであるが、他方で航空インフラが進まず、我々に関係する直行便のルートは大きくいって、行きと帰り合わせて約３本程度しかない。

後に述べるが東京とニューヨーク間には20を超えるルートがある。さて、各航空会社は日本からの便は集客上昼前後にアサインすることが多く、同じ時間帯に便が集中する結果となっている。シベリア上空を飛行するには高額なロシア領内の上空通過料（一時は片道50万円以上にも）とは別に、ロシアとヨーロッパ各国の領空通過許可が必要である。ヨーロッパ側は前にも述べたように1960年に西ヨーロッパ６か国の合意によってユーロコントロールが発足した。それは多くの国の領空が接するヨーロッパの航空管制の一体化を目指すもので、1972年には11か国が参加してヨーロッパから大西洋を越えて北米や南米に向かう、洋上のFL250以上の空域の航空機を管制するマーストリヒト高高度管制センターの運用が開始された。マーストリヒトはオランダ領の

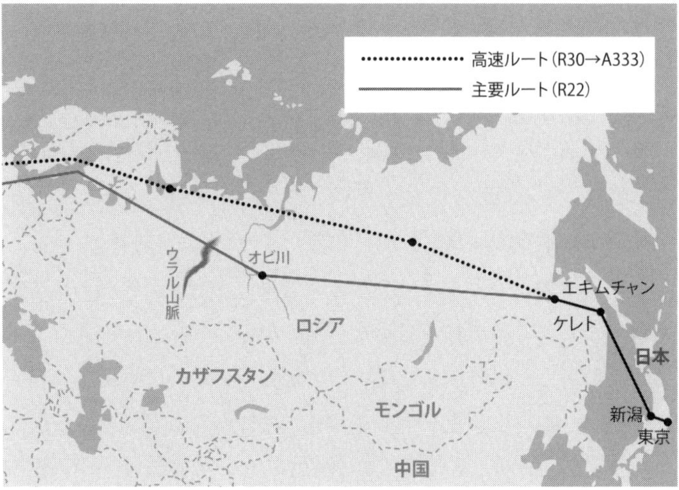

図 6-2　日本―ヨーロッパ間の高速ルートと主要ルート

都市である。そのことによって日本からロシアとヨーロッパ各国からの飛行承認はスムーズに発出されることになったものの、問題は物理的に行きと帰り、それぞれ 2 本の航空路にどうやって多くの航空機を飛ばせられるのかということである。どの直行便も最初の巡航高度は大体 31,000 フィート（9,400m）前後で燃料を消費して重量が軽くなるたびに巡航高度を上げていくステップアップ方式を採用しないと燃料的に目的地に届かないので、出発時に希望の巡航高度での出発承認が得られないとパイロットとしてはそれが得られるまで順番を待つことになる。というのも、燃料を満タンにした重量の大きい航空機は低い高度はもちろんのこと、いきなり 10,000m 以上の高高度に上昇しても巡航での燃費が悪いので、毎回最適な初期巡航高度が FMS で計算されるからである。

【高速ルートと一般（主要）ルート】

そしてもう一つ、ロシア領空のルートには2種類あって航空機の性能（巡航速度）に応じて高速機だけが飛行できるルートとそうでない航空機が飛ぶ一般（主要）ルートに分けられている。

日本各地からの出発ルートは、まず新潟沖の洋上地点または稚内付近まではそれぞれの空港と管制区からのレーダーによって誘導される。それ以降は長い間ロシア大陸の東側の沿海州のエディンカという地点に北上し、そこから大陸に入ることが決められていたが現在では少し西側地点に変更されていてR22上のKERETというところを通過する。そしてしばらく飛行するとハバロフスクの遥か北のアムール川を越えて東シベリアのエキムチャンという都市へ向かう。ここまではすべての航空機が同じルートを飛ぶ。成田空港からは約2時間30分くらいの場所である。

そしてエキムチャンからは高速ルートと呼ばれているR30からA333

図6-3　日本からシベリア大陸に入るとまず大河アムール川が眼下に見える

へとつながるルートと、一般ルートのR22に大きく分かれることになる。R30からのルートは中央シベリア高原を一路北へ北へと飛び、北極海に面したナリヤン・マルという町（北緯67度38分、東経53度07分）の少し手前の北緯68度29分の地点を最北とした大圏コースで距離も短く、かつ強い偏西風の影響も受けにくく気流の乱れによる揺れもないといった三拍子そろったルートである。しかし、眼下には凍土地帯が展開するのみで、とてもアジアからヨーロッパに入ったという実感は湧かないだろう。ナリヤン・マルからは一路南下を始め、白海からフィンランドに入っていく。そして左手にエストニアのタリンを見ながらヘルシンキ上空からバルト海を飛行し、ヨーロッパ各地の空港へと向かうものである。

一方、エキムチャンから内陸をR30より低い緯度帯を西へ進むルートではタイガと呼ばれる森林地帯をエニセイ川、西シベリアのオビ川と渡り、アジアとヨーロッパの境とされるウラル山脈を越えていく。その辺りでは標高も2,000mを超え、堂々とした山脈越えを経験できるだろう。そして一路古都サンクト・ペテルブルグからバルト海を南西に進み、ポーランドや北ドイツからヨーロッパ各都市に向かうことになる。イタリア方面への便はウラル山脈を越えてからコトラスという都市（モスクワへの進入地点）からモスクワ、そしてベラルーシ、ポーランド、ハンガリー、オーストラリアなどを経由してミラノあるいはローマへと飛行することになる。

さて、ここまでの話を総合すると、上空からの地上の景色の違いはどうであれ、利用者からすると地球儀の丸みに沿って、より

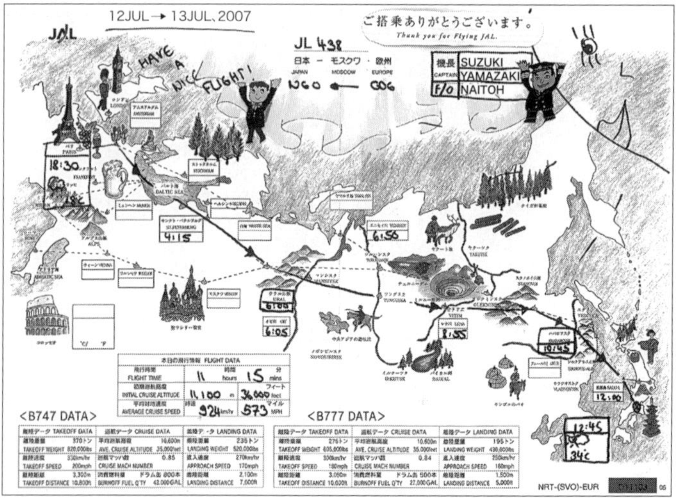

図 6-4　機内でサービスとして使われる路線案内 MAP

大圏コースに近い R30 のルートのほうが便利であり、快適でもあるのは一目瞭然であろう。しかし R30 のルートを飛ぶためには二つの条件がある。一つは航空機の速度である。R30 は空の高速道路と呼ばれているとおり、そこを飛ぶ航空機は音速の 0.84 倍以上でなければならない。

では現在運用されている民間ジェット旅客機でこの条件を満たすのはどの機種であろうか。例を挙げれば、ボーイング 747（ジャンボジェット）の巡航速度は、300 シリーズ以降はマッハ 0.85、777 も 0.84 で合格。一方、ボーイング 767 はマッハ 0.80、エアバス A320 は 0.78、MD11 は 0.82 などとなっていて R30 を飛ぶのには適していない。適していないと表現したのは、それらの航空機も A320 を除いてエンジンの出力を上げて飛べばマッハ

0.84を維持することは性能上不可能ではない。

MD11は最大マッハ0.87まで速度を上げることができる。しかしそのようなことをすれば、燃料をかなり消費するのでR30ではなく、一般道である他のルートを飛んだほうが効率上良いということになる。したがって航空会社によっては保有機材によってルートをR30か一般ルートに分けて飛行計画を作成している。ちなみに日本航空の場合、ボーイング747や777ではR30、MD11では一般ルートを使用していた。一方、ルフトハンザドイツ航空ではすべてR30を使用することを基本としている。

高速ルートのR30を選択できる第2の条件。それはルートの使用料が特別に高額であるということである。前にも述べたようにロシアはシベリアの上空通過料に法外の値段をかけている。片道だけで50万円以上も支払えというのはまさに足元を見た航空政策であろう。

さらに追加の料金が上乗せさせられたら、たまらない。ちなみに日本も上空通過料を外国機に課しているが、約4万円ほどである。このような理由から日本からヨーロッパに向かう場合、航空会社は利便性や経済性などを考慮して一般に速い航空機はR30へ、少し速度が落ちる航空機は一般ルートへと使い分けることになる。その結果、航空会社が販売用に設定しているダイヤに対し、実際には飛行時間が長くかかってしまうこともある。利用者からすると同じ季節でも今日は時間がかかった。あるいは羽田や成田で乗客全員が搭乗を果たし、ドアが閉まったのに長々と出発しないのはパイロットが希望の初期巡航高度を含む飛行ルートの承認がロシアなどの管制機関から降りるのを待っているからで、ときに出発が1時間以上遅れることもありえるのである。

【ヨーロッパからの日本の帰着便】

ヨーロッパ各地の空港からシベリアを東へ向かう便は出発地と出発時刻が分散しているために、日本からの出発便のように出発調整されることはほとんどなく、割とスムーズに出発することができるだろう。基本的にルートはサンクトペテルブルクを経由する2本の航空路を使って最終的にはすべて東シベリアの大都市ハバロフスク市内の上空を右に大きく旋回して南下するコースに合流することになる。

日本からヨーロッパ行きの便はすべてハバロフスクよりかなり北で、アムール川を超える（成田から約1時間50分）が、基本的に帰着便はハバロフスク上空を通過するのが違いである。そこでは長い時間をかけて右旋回するので極東の大都市ハバロフスク上空まで戻ってきたことを実感する瞬間でもある。眼下にはアムール川とウスリー川の合流する場所に発展を遂げてきたハバロフスク市全体が手に取ることができよう。そしてちょうどこの辺りで朝を迎える便が多く、CAたちも朝食サービスで動き出している。日本の各地の空港へはあと2時間のフライトタイムを切ったころである。

そして右手に沿海州のロシア大陸を離れ、日本海へ出ると間もなく札幌の管制部にハンドオフされ、レーダーで各空港への誘導が開始されるのである。

最後にお断りしておきたいことは、これまで説明してきたのは多くの航空会社が基本的に使用するルートに関するものであるが、他にもロシア領内のチャートを見ればわかるように、北極海に面したDIKSON（北緯73度31分、東経80度25分）を経由するB153という、文字通りシベリアの最北のルート（KLMが好んで使う傾向）やシベリアの南側ルートから中国の北京に南下して日本へと向かうルート（AFが時々使用している）も存在するので、ロシアの管制当局から許可が得られれば、基本ルート以外にもいくつかのルートを選ぶことも可能と思われる。

AFは時々北京経由のルートを使うが、距離的には長くなるので効率的には考えものであるが、何か理由があってのことであろう。それぞれの航空会社のルート選定の基準については今後の研究課題としたい。

COLUMN ❺

ETOPS運航が生まれた経緯

ETOPS（Extended-range Twin-engine Operational Performance Standards、イートップス）とは、エンジンを2基しか持たない旅客機のことで、1基が故障しても一定時間以内に代替空港へ緊急着陸することが可能な航空機による運航が可能である。ICAO（国際民間航空機関）によって取り決められた。そして、航空機ごとにエンジンの信頼性の評価に基づいて1基だけで飛行可能な時間を定めている。

日本の国土交通省では、このETOPSを「双発機による長距離進出運航」と呼び、実施承認審査基準を設立している。歴史を振り返ると双発ジェット旅客機（ボーイング737、

DC-9など）は、元来、短距離路線用として登場したものである。そのような時代では双発旅客機（エンジン2基）は、近くの空港から100NMまで、1953年からは空港より60分以上離れたところを飛ぶことは認められていなかった。しかしハイテク化が進み、ボーイング767のような旅客機は燃料的に長距離の飛行が可能であり、それまでの4発や3発エンジンの大型機に加えて太平洋などの洋上飛行も可能とする新たなルール作りが必要とされた。つまり、4発や3発エンジン機では仮に1基のエンジンが途中で故障しても残りのエンジンで目的地まで飛行することが、性能上、緊急操作手順上、許されていたものの、双発エンジン機では1基のエンジンだけになった場合、目的地まで飛行することが性能上、困難になることが多く、なによりも残されたエンジンもいつ何時故障するかもしれない。そうなったらもはやグライダー状態になって、滑空により胴体着陸または海上着水しか選択肢はなくなってくる。

これではとても長距離の路線や洋上飛行に投入することは安全上の理由から不可能になってくる。そこで考え出されたのがETOPSというルールである。当初はボーイング767に対し、120分ルールといって途中どこかで1基のエンジンが故障しても適当な最寄りの飛行場へ120分以内に到達できるようにルートを選択したり、策定すれば、たとえ長距離や洋上飛行場であっても航空会社（当該型式機）に許可を出すことができるようになったのである。これは世界の航空界の強い要請で始まったルールで、経済性に優れた双発エンジン機は実際に増加する半面、4発、3発エンジン機は発注が減っていった。そしてこの新しいルールの安全上の根拠はエンジンの性能が向上し、仮に1基のエンジンが故障しても残されたエンジンもすぐには故障しないであろうとするもので、とりあえず120分は大丈夫であろうと判断されたものであった。

その後、新造されたボーイング777には初めて180分ルールが適用され、現在ではボーイング767、757、737（600型以降）、787、エアバスA300、600、A310、A320、A330にも同じ条件での運航が認められるようになった。

『エアバスA350、FAAからも180分超のETOPS取得』（2016年5月5日、Aviation Wire）

エアバスは現地時間5月2日、A350-900型機がFAA（米国連邦航空局）から180分超のETOPS（イートップス）の認可を取得したと発表した。すでにEASA（欧州航空安全局）からはETOPSを取得済み。

ETOPSは、双発機のエンジンが1基停止しても洋上飛行が可能な認証。エンジン単発での飛行可能時間が最長180分の「ETOPS 180」が認可されたが、同300分のETOPS 300まで認証に含まれる。エアバスでは、今年後半に同370分のETOPS 370の取得を目指す。ETOPS 370では、代替着陸する空港までの距離を最大2,500海里（4,630km）まで延ばせる。

ETOPS 300を取得した機体では、東南アジアやオーストラリアなどから、北・中央太平洋上を飛行する、より効率的な大洋横断航路で北米へ飛行できるようになる。

エアバスが米国の航空当局であるFAAによるETOPSを取得するのは、アメリカン航空（AAL/AA）やデルタ航空（DAL/DL)、ユナイテッド航空（UAL/UA）といった米国籍の航空会社がA350を発注しているため。2017年には、米国で最初の航空会社へ機体が引き渡される見通し。

A350 XWBは3機種で構成。座席数はメーカー標準仕様で短胴型のA350-800が280席、A350-900が325席、A350-1000が366席で、エンジンは英ロールス・ロイス社製トレントXWBを搭載し、燃費を25％改善する。4月末時点で、A350 XWBの合計受注数は世界43社から803機に達した。A350 XWBは現在、世界中の5社により20機が運航されている。

日本の航空会社では、日本航空（JAL/JL、9201）がボーイング777型機の後継機として、A350-900とA350-1000を合わせて最大56機導入する。

最新鋭のボーイング787では330分ルールと、その範囲は拡大し、実質、地球上のすべての地点を飛行することができるといえよう。しかしながら、考えようによってはこれらのETOPSは洋上飛行など緊急事態になってもすぐに着陸する空港が近くにない場所でも飛行を可能にしないと航空産業が成り立たないので、エンジンの信頼性向上という一つの論理を無理矢理持ち出して整合性をとったということもできよう。実際どのように優れたエンジンでもいつ何時故障するかわからないし、個々のエンジンの耐用時間や故障の確率をもってある時間になれば取り換えるというわけでもない。

180分ルールによって3時間以内にルートから緊急に着陸できる代替空港に向かえば良いとされていても、その間にもし残されたエンジンも故障したら約20分の滑空だけが残された唯一の手段となり、タイミングによっては到底代替空港まで到達することは無理であろう。

このようにETOPSはあくまで長距離や洋上飛行を可能にするためのルールであり、実際に1基のエンジンが故障するならば許容の時間内の代替空港に向かうか、滑走路の長さや設備が不十分、あるいは救援、消火体制もICAOが定めるカテゴリー4未満の空港であってもより早く着陸できるとしてそれを選ぶかは機長の判断によって異なってくる。パイロットの心理としては残されたエンジンが所定の代替空港まで絶対に故障しないと誰も保証してくれないから、とにかく早くどこでもいいから着陸したいという気持ちになることだけは間違いない。それは最近日本近辺で起きたデルタ空港294便の事例を見ても明らかであろう。はっきりいえることは飛行機ダイヤという視点で考えるならば、4発や3発機で仮に1基のエンジンが故障しても残されたエンジンで、特に4発機では残された3基のエンジンで目的地まで予定通り、しかも大きく遅れることもなく飛んでいけるのに対し、双発機ではマニュアル上、ただちに最寄りの適当な空港に緊急着陸することが義務付けられているため、空港によって運航当日はおろか数日の遅延となる可能性もある点が大きく異なっているといえよう（p96のETOPSチャート参照）。

図 6-5　ETOPS チャート（ヨーロッパ路線）

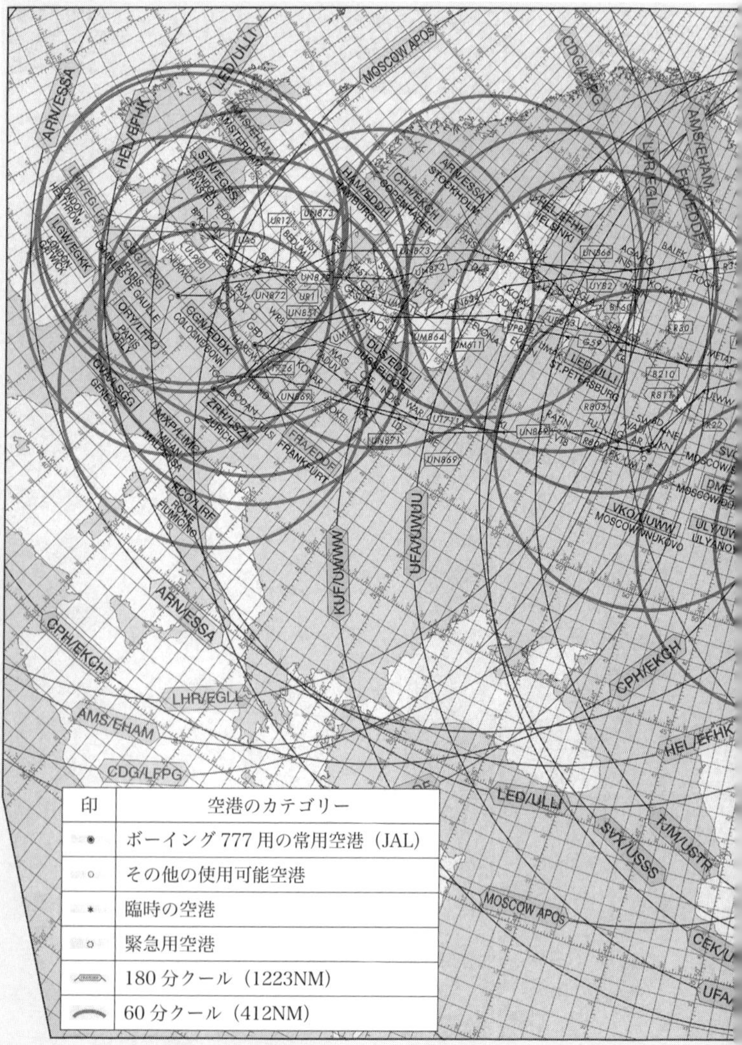

VVO/UHWW
SPK/RJCC
YKS/UEEE
YAKUTSK
KJA/UNKL
IKT/UIII
SPK/RJCC
NEW CHITOSE
HKD/RJCH
HAKODATE
KHV/UHHH
KHABAROVSK
VVO/UHWW
VLADIVOSTOK
NRT/RJAA
NARITA INT'L
NGO/RJGG
CHUBU INT'L
KIX/RJBB
KANSAI INT'L
SGC/USRR
HTA/UIAA
CHITA
UUD/UIUU
ULAN-UDE
NGO/RJGG
NRT/RJAA
YKS/UEEE
BTK/UIBB
KHV/UHHH
SPK/RJCC
HKD/RJCH
OVB/UNNT
KJA/UNKL
VVO/UHWW
NRT/RJAA
ABA/UNAA
IKT/UIII
NGO/RJGG
R30
A333
R22
B152
R211
B358

(2) 太平洋路線

夕刻の成田空港の誘導路、特に17時から18時台にかけてはアメリカ方面に向かう航空機が離陸のために誘導路で順番を待つ光景はすさまじい。数えると10機以上のときも珍しくない。長い滑走路が1本しかない成田空港ではこうして地上で延々と時間を消費する。天候のよいときにでも大体1機離陸させるのに3

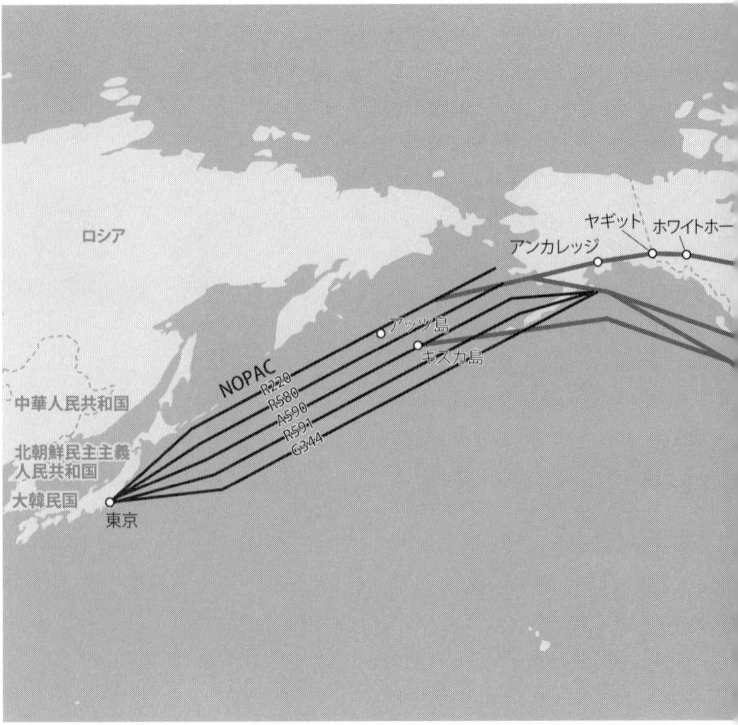

図6-6　日本―アメリカ間のルート

分はかかる。それに加えて合間を縫って着陸機があるのでひどい混雑時には誘導路で最後列についてから40〜50分かかることもある。では日本からアメリカ本土へ向かう便から、逆に日本に帰る便そしてハワイ路線の順でダイヤに影響を与える諸問題について説明をしていくこととしたい。

【日本とアメリカ（本土）間のルート】

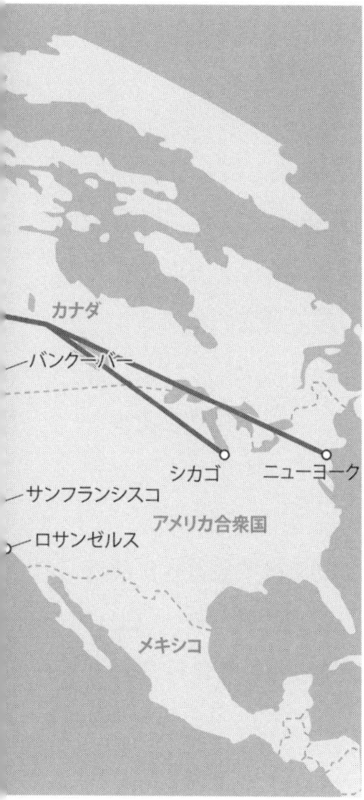

日本から太平洋を経由してアメリカの西海岸や東海岸の都市（カナダを含む）に向かうのにはNOPAC(North Of Pacific)というルートと任意に緯度経度を入力した経由点(Way Point = WPT)を計画して大陸に近づいたら所定の航空路に合流して東に向かう二つの方法がある。

NOPACは古くから使われている日本とアラスカとを結ぶ5本のルートで、地球の丸みに沿って北上する大圏コースで距離が短くなる。5本のルートは約50NM（約90km）間隔で、それぞれが「一方通行」のようにして使われている。飛行高度は2,000フィート単位で、仮に反対側から航空機がやってきても高度差が

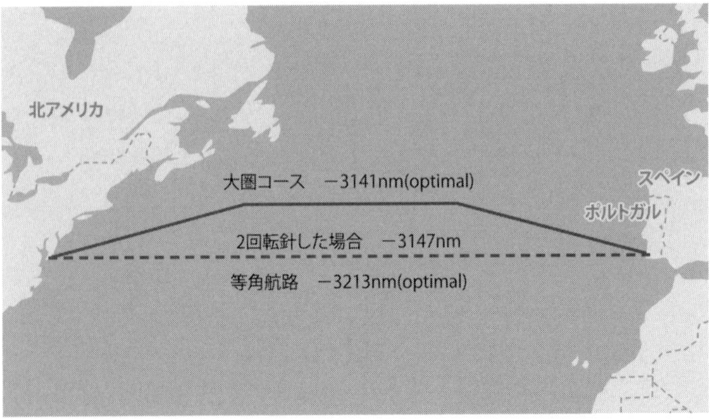

図 6-7　大圏コースと等角航路のコースの違い

1,000 フィートは確保されているので空中衝突しない仕組みになっている。ルートは北から R220、R580、A590、R591、G344 で、ちなみに最北の R220 はアメリカ、カナダ方面からの日本への帰り便や韓国、中国に向かう便が最も優先的に使うルートである。

旧ソ連時代には領空に近く、ナビゲーションには神経を使ったものであるが､偏西風の影響も比較的少なく､しかもより大圏コースであるために利用価値が高い。

一方、南側の A590 から G344 にかけてはすべて東行きに使用されているがそれは緯度が南に下がるごとに偏西風が強い（追い風）中緯度帯に近づくので東行きの航空機にとっては好都合となっている。

それでもこれらのルートには日本だけでなく中国や韓国からの航空機が合流するので混雑時間帯にはしばしば管制承認を受け取

るまで時間がかかり希望のルートと高度を飛行計画通りにすぐに取得して定刻の出発とはいかないことが多い。このNOPACには複雑な多くのルールが課せられていて同一高度を15分の感覚で飛行させるためにそれぞれの航空機がきちんと所定のスピードで飛ぶためのマッハナンバーコントロールが行われている。指示されたマッハナンバーの速度を正確に維持できないと長距離の洋上飛行だけに前後の間隔が詰まってしまって事故にもなりかねないのである。

表 6-1　マックナンバー適用時の縦間隔

先行機と後続機のマックナンバー差	縦間隔
0.06 以上速ければ	5 分
0.05 以上速ければ	6 分
0.04 以上速ければ	7 分
0.03 以上速ければ	8 分
0.02 以上速ければ	9 分
0.01 以上速ければ	10 分

太平洋上のルートにはこのNOPAC以外にも任意に緯度経度を入力するWPTを使って東へ飛行できる方法がある。アメリカ東部のニューヨーク、ワシントン、ボストンなどへ向かう長距離便をはじめ、西海岸へ向かう便でも冬期は強いジェット・ストリーム（偏西風）のある中緯度（北緯40〜50度帯）を飛んだほうが時間と燃料効率上利点がある。ジェット・ストリームは強いときには風速200ノット（秒速約100m）を超えるときもあるので飛行計画ではこれらをうまく利用するのがプロの作業ということができる。このように任意の洋上の地点を結んだルートを飛んでいけるようになった背景には航空機のナビゲーション精度の進歩がある。

太平洋上を飛行する航空機には、衛星とIRS（慣性基準航法装置）を利用して飛行するRNP4（全飛行時間の95%において、

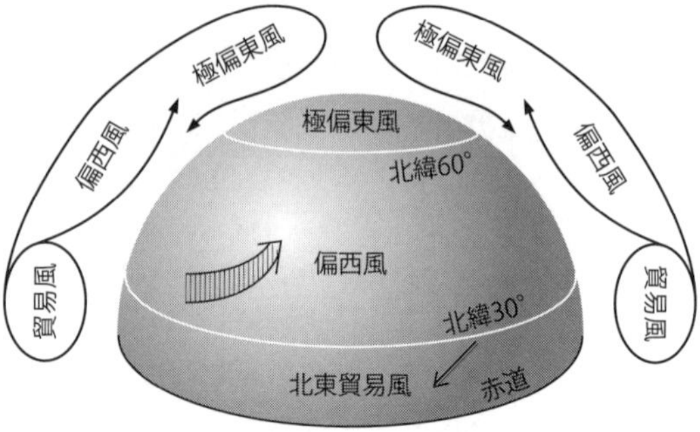

図 6-8　北半球における大気の流れ

進行方向に対する横方向の航法誤差が± 4NM 以内にとどまる航法精度）許可機のボーイング 777、787、A320、A380 や衛星と INS（慣性航法装置）を利用して飛行する RNP10（± 10 マイルの誤差の航法精度）許可機があり、RNP4 の航空機間では縦間隔 30 マイル、RNP10 の航空機間には 50NM が適用され、それ以外の航空機（まだ全体の 6 割弱を占める）には、このような間隔では不十分なため、10 分ずつの縦間隔を必要とし、加えて NOPAC でもよく使われるマックナンバーテクニックを使い、十分な縦間隔を維持することになっている。

【ルートを構成するのに必要なルール】

これまで NOPAC や任意のルートの話をしてきたが、長距離フライトともなると双発エンジン機では ETOPS 運航が条件となるので 180 分ルールなど、一基のエンジンのトラブルが発生したときに所定の時間内に緊急着陸できる空港を常に確保しながらルートを選定、あるいは設定しなければならない。

さらに太平洋のようなところを飛ぶ場合は、双発機であろうが四発機であろうが急減圧の場合を想定したルートの選定が必要となってくる。これはETP（Equal Time of Point）といって急減圧が発生した場合、出発地と目的地以外にもすぐに酸素マスクの必要ない高度13,000フィートまで降下して最寄りの空港に向かう地点をチャート上に決めておいて急減圧が起こっても燃料（低高度では消費燃料は大きい）的に届くことを確認しないとルートを選定できないルールとなっている。飛行計画には必ず急減圧発生時に向かう可能性のある飛行場と、その時刻を離陸時から計算して何時何分後であるかを明記してその時刻の前ならA空港へ、それ以後ならB空港へ行くことを計画しながら飛行していくことが行われている。

・太平洋地域運航基準

適用路線：この節の規定は、以下の路線に適用する。

（1）NRT-ANC
（2）NRT-SFO
（3）NRT-LAX
（4）NRT-HNL
（5）NRT-YVR
（6）NRT-SEA
（7）SFO-HNL
（8）OSA-HNL
（9）NGO-HNL

NRT ………成田
ANC ………アンカレッジ
SFO…………サンフランシスコ
LAX ………ロサンゼルス
HNL ………ホノルル
YOR ………バンクーバー
SEA…………シアトル
OSA ………大阪
NGO ………名古屋
MDY ………ミッドウェー島
AWK ………ウエーキ島
SPK…………札幌
CDB ………コールドベイ（アラスカ）

飛行計画：以下の路線で、それぞれに示された飛行場間についてETPの計算を行う。
NRT/OSA/NGO → HNL：MDY-HNL
HNL → NRT/OSA/NGO → HNL：
AWK-NRT、MDY-NRTまたはMDY-SPK
NRT → SFO/LAX：YVR-SFO、CDB-SFOまたはHNL-SFO
NRT → ANC：SPK-CDB
ANC → NRT：CDB-SPK
NRT → YVR/SEA：ANC-YVR
LAX/SFO/YVR/SEA → NRT：
CDB-SPK、AWK-NRT、MDY-SPKまたはMDY-NRT
SFO → HNL：SFO-HNL

【東部行きには20本以上の航空路】

日本からアメリカのニューヨークやシカゴといった東部の都市に向かう便はこれまで述べてきたようにさまざまな洋上飛行に課せられた条件を満たしながらNOPACや冬期には中緯度帯の任意ルートを飛びながらもアラスカやカナダ北部から設定されている多くの航空路に合流していくことになる。それはもちろん大圏コースであり、東部に進むにつれ南下していくコースとなる。日本航空の場合、ニューヨーク便は東京から20あるルートの中で毎日の気象情報などに基づいて選定しているが、ニューヨーク便の場合、大体は最終的にカナダのトロントからマンハッタンめがけて南進するルートとなる。

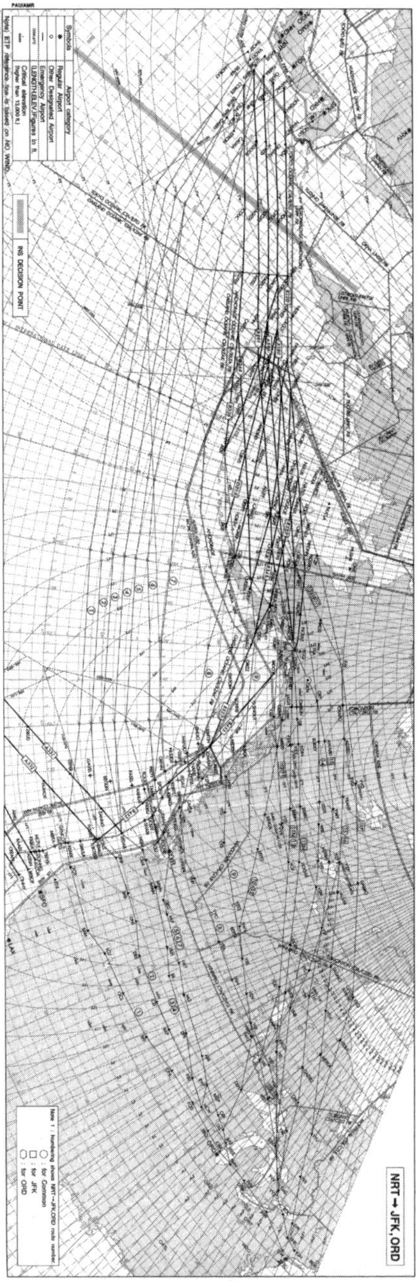

図 6-9
東京―アメリカ間の航空図
（JAL）
NRT ……成田
JFK………ニューヨーク
ORD ……シカゴ

図 6-10　ETOPS チャート（太平洋路線）

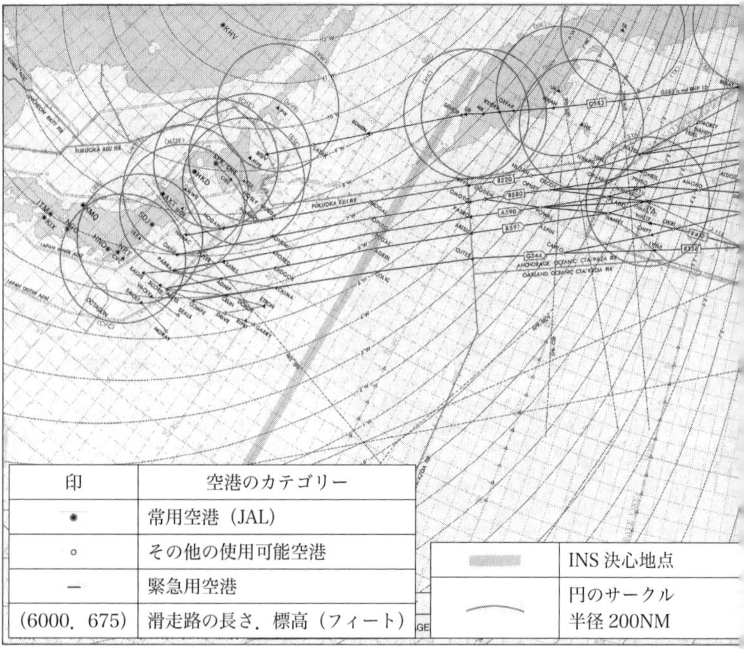

印	空港のカテゴリー
●	常用空港（JAL）
○	その他の使用可能空港
—	緊急用空港
(6000, 675)	滑走路の長さ，標高（フィート）

▬	INS 決心地点
⌒	円のサークル 半径 200NM

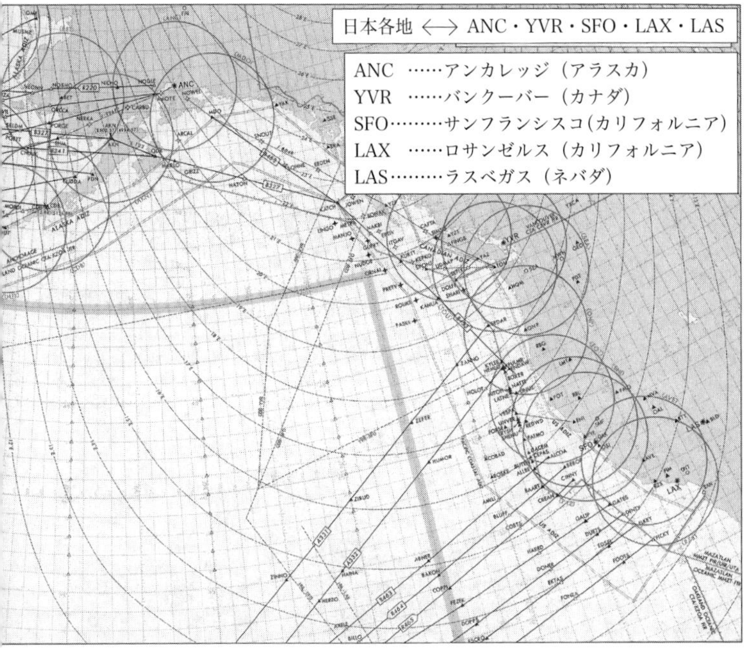
日本各地 ⟷ ANC・YVR・SFO・LAX・LAS
ANC ……アンカレッジ（アラスカ）
YVR ……バンクーバー（カナダ）
SFO………サンフランシスコ(カリフォルニア)
LAX ……ロサンゼルス（カリフォルニア）
LAS………ラスベガス（ネバダ）

【日本への帰り便のダイヤに与える影響】

アメリカから日本の便は東部からであろうと西部からであろうと向かい風の影響を受けないように距離の短い大圏コースの中でも可能な限り北側のルートが望ましい。しかし、ニューヨークなど東部の空港からの出発便は希望のルートの承認を得るのが難しいという問題はなく、いつもスムーズに出発できる。というのは東部からアラスカ付近までのルートはいくつもあり、レーダーでカバーされているので管制上ある意味どこを飛ばせても何とかなる。問題はアラスカから日本へのNOPACの限られたルートと飛行高度の調整が必要となるが、それは東部の空港を離陸して6～7時間後の問題となるので、それまでに各管制部間で調整を行うことができるので、とりあえず航空機側の飛行計画通りのフライトを許可しようとするもので、これはアメリカ独特の管制でもある。そのような理由から仮に離陸が遅れるとすれば、それは大空港につきものの混雑によりゲートを離れてから離陸するまでどれだけ時間がかかるかという問題だけだろう。しかし、アメリカ西海岸のロサンゼルス、サンフランシスコ、カナダのバンクーバーからの日本への便となると事情は大きく異なってくる。時間帯によってはアメリカの他の空港からの便も含め、多くがアラスカに集まってくるので、NOPACでのルートと高度の調整上、かなり手前の場所でコントロールしておく必要があるのである。そのために西海岸から少し洋上に出た西経130度のいくつかの地点の通過予定時刻と飛行高度を出発予定の航空機に割り当てておくのである。これをスロット調整という。例えば、ロサンゼルスでパイロットが出頭し、運航管理者（ディスパッチャー）と飛行計画を作成する際に、運航管理者から「本日のスロットタイムはこうです」と、表を提示される。そこには飛行計画上の西経130度付近のFIX上空で「15分間隔ごとに使用できる飛行高度」が割り当てられている。例えば20時15～30分（UTC）の間では、FL260、350、390が使えるとされているとする。それに対し、どうしてもFL310を希望するなら、別の時間帯を探し、その15分間にFIXを通過できるように離陸時間を考えて地上の出発準備を行うのである。しかし何らかの理由で離陸時間が遅れ、その15分間の時刻に当該FIXに到達できないと、管制から希望の高度がキャンセルされることもあるので余裕を持ってオペレーションを行う計画性が必要となる。その結果、場合によっては出発時刻を例えば30～50分遅らせるということも機長と運航管理者との協議で決定し、飛行計画書を修正して当局に提出することもありえるのである。

これは定時出発できても指定時刻に到達できそうにないならば、次のスロットタイムに合わせて出発を調整する方法なのである。スロットタイムが指定されるFIXは出発空港から大体2時間程度の場所にあり、それならパイロットも管制官も離陸時間から飛行計画上の飛行時間を加えて正確な到達時刻を知ることができるからである。このような方法を使う理由は行き当たりばったりに各空港から航空機が出発してアラスカに集まってNOPACのルートや高度の取り合いになっても収集がつかなくなるのを防ぐためである。さて、このスロットタイムを見て機長によっては2通りの判断がなされる。第一はスロットに従って出発地で時間

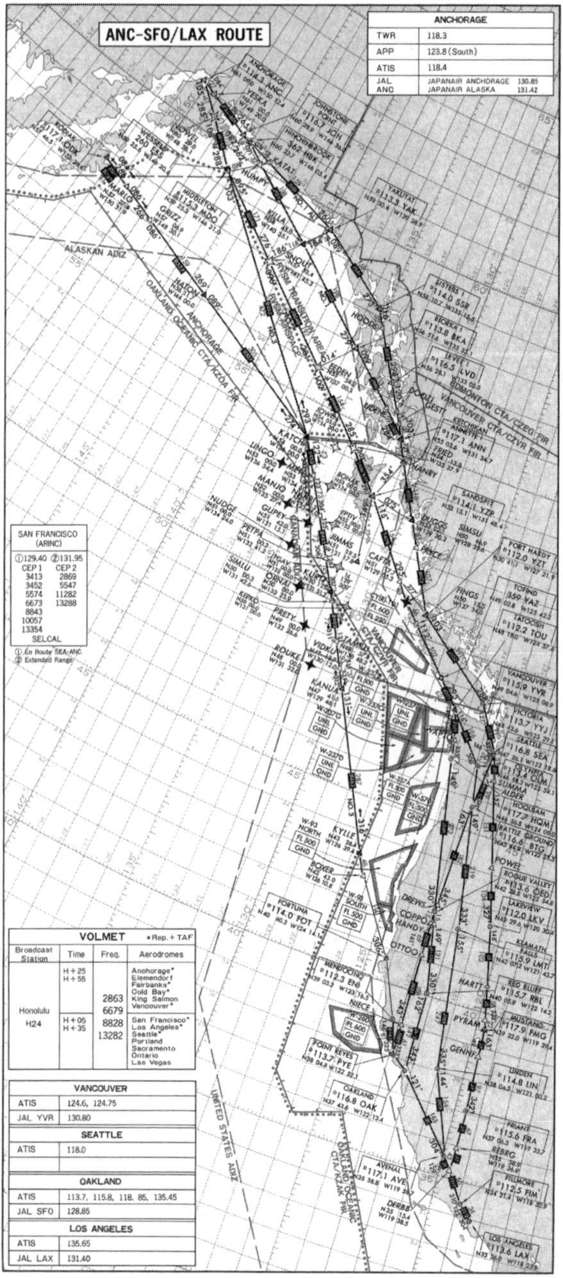

図 6-11
アンカレッジ—サンフランシスコ、ロサンゼルス間の航空図（JAL）

調整をする。そしてもう一つは他の航空機があまり希望しないFL260などの低い高度はスロット調整がないので、とりあえずその低い高度を予定して定時出発する。そして、FIXに近づき本当に管制官からFL260以上は他の航空機で埋まっているといわれても速度を減らして燃料消費のロスを少なくし、それでも高度を上げられない場合はNOPACでのルートと高度の変化を要求するといった方法も考えられる。私の場合は後者のように必ず定時出発するほうであったが、途中で管制官との交渉や応用操作などをうまく使い、ほぼ飛行計画通りの飛行時間と燃料で成田空港に到着することができていた。これは経験とデータに裏付けされた応用操作によって実現できるものである。

【ハワイ線】

日本とハワイとを結ぶ運航便は図 6–12 の 1964 年（東京オリンピック）当時のダイヤを見るとわかるように、基本的に羽田を朝の 10 時に出発し、ホノルルに 22 時 15 分に到着する一便だけで、DC・8 型の 30・50 シリーズによって満席でも約 130 人が出国するのみとなっていた。日本の国際線は日本航空だけで羽田以外からのハワイ行きの便もなかった時代、日本全体でなんと 1 日わずか 100 人少々の人しかハワイに飛んでいかなかったものである。

今では北海道から九州まで全国至るところから一度に何百人もの乗客を運べる中型機や大型機で各社合わせて数多くの旅客便がホノルルだけでなくハワイ島のコナやヒロといったハワイ諸島の各空港へ飛んでいるのを見ると一日一便時代を乗務していた者か

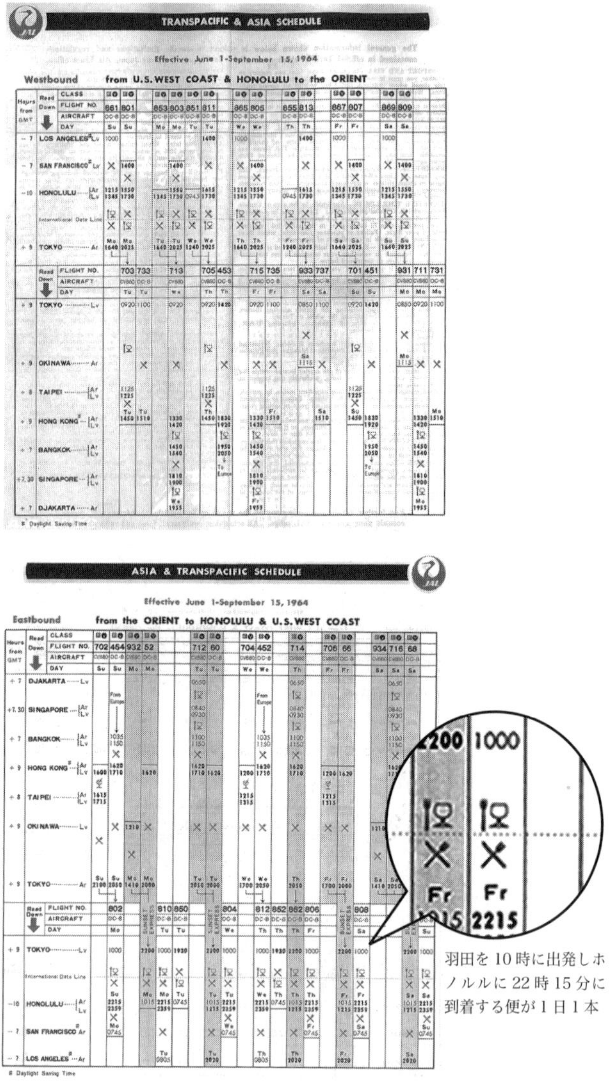

図6-12　1964年当時のアジアと太平洋路線のダイヤ

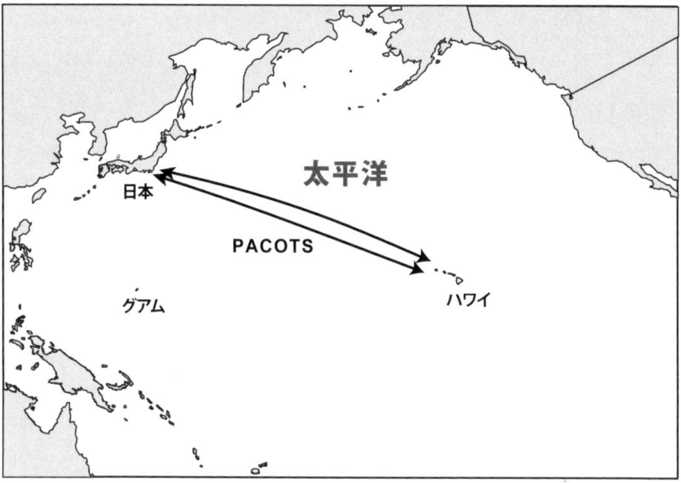

図 6-13　太平洋の日替わり航空路

らするとまさに隔世の感がするのである。

さて、現在日本とハワイとの航空便は日本とアメリカ航空当局が毎日協議して決める二つのトラック（Track）と呼ばれる国際航空路を使用することになっている。この日替わりのトラックシステムはPACOTS (Pacific Organized Track System) と呼ばれ、決定されたトラックはノータム（航空情報）として航空会社などに通知され、その一方を使用することになっている。二つのトラックの間隔は 50 マイル以上となっている。

行き帰りわずか２本のルートで一体大丈夫かと思われがちであるが、ハワイ便は夜の広い時間帯に分散していて、同じルートでも高度間隔が 2,000 フィートとなったことによって出発遅れも少なく、スムーズなダイヤ通りの運航となっている。

PACOTSは毎日の気象データから、日本からハワイに向かって飛ぶ場合は最も追い風を利用するように、逆にハワイから日本に向けて飛ぶ場合は強い偏西風による向かい風の少ないところを計算して設定されている。ハワイ線のダイヤは風の影響の少ない夏期では行きも帰りも約7時間30分と設定されているが、冬期の偏西風の強い時期では行きは飛行時間の正味で5時間もかからないこともあれば、帰りは9時間を超えることも少なくない。

【冬期の日本への帰着便は9時間以上に】

最も向かい風が強い季節ではWF（ウインドファクター）と呼ばれる1時間平均の平均向かい風が50ノット以上の日もあり、そうなると日本から行きが5時間に対し、帰りは実に9時間以上の正味の飛行時間になり、これにTAXI時間を加えると9時間30分を超えることも少なくない。なにしろWFがマイナス50ということは1秒間に約25mの向かい風がハワイから日本までずっと吹き続けている計算になるのだから航空機がなかなか進まないのは当然であろう。しかし、飛行機ダイヤは夏期と冬期の二つのものしかなく春や秋には上層の偏西風の強さによって夏期ダイヤでも実際には冬期のような風の影響を受け、ダイヤ通りの運航はとても無理ということも多くなってくる。その意味でハワイ線のダイヤほど真夏や真冬の一時期を除いて実際は大きく到着時間が変わってくる路線はないといっても過言ではない。

DC・8で運航していた時代、30シリーズと呼ばれる初期のエンジン搭載機ではノンストップで9時間もの飛行はできないため、冬期のWFがマイナス50を超える日にはホノルルから一度南太平洋上のウェーク島にテクニカルランディングを課し、乗務員自ら機内に備え付けられている燃料を購入するクレジットカード（エッソ、シェル、シェブロンの 3 種カード）で燃料を補給し、ウエイト・エンド・バランスシート（重量分布表）を作成するなど、すべて自前でマニュアル操作して再び羽田空港に向けて飛び立ったものである。私もその貴重な体験をした一人である。ホノルルからウェーク島経由で羽田まで飛ぶとなると合計 12 時間を軽く超える。しかも 2 回の離着陸を交代乗務員なしでとなると、現代のパイロットからすると想像を超える勤務ではあったが、労使の労働協約で特例として認められていたものであった。

【パイロット次第で飛行時間は大きく変わる】

さて、ホノルルから東京（成田、羽田）に向けて飛行するのは二つの PACOT のいずれかで他のルートを選択することはできない。しかし飛行高度の選択はそれぞれのパイロットに任されている。一般に飛行計画はコンピューターによって燃料消費をできるだけ少なくするため、ステップアップといって燃料消費による重量減少に対応して順次飛行高度を上げていく方法を採用している。例えば最初の巡行高度を FL310 とすると、330、350、370、390、410 という具合に管制官の許可を得て上昇していくのである。しかし、向かい風が弱い場合はこれでもいいが、冬期のホノルル線となるとこれでは飛行速度が落ちてダイヤを大幅に超えて目的地での乗継もままならないことも発生してしまう。

そこでその昔パンナムやノースウエスト航空で行っていた“秘策”を行使するとわずかな燃料増で飛行時間を 30 分ほど少なく

できるので、それを紹介したい。それはホノルルから当初の巡航高度FL310で日付変更線を越え、東経170度まで維持してそこから一気にFL370に上昇する方法である。かつて日本航空のホノルル支店の運航管理者にTさんという方がいてパンナムやノースウエスト航空の“秘策”について研究し、毎日先行便などから送られてくる上層の風や気温のデータを解析してパイロットにその日の最善のステップアップの方法を教えてくれていた。私もその助言によって効率のよい運航を重ねることができたものであったが、現在はどうなっていることであろうか。多くの分野でマニュアル型の運航が多くなっている今日、パイロットの応用操作が続けられることを願っている。それは旅客に約束しているダイヤに一歩でも近づけることになるからだ。

COLUMN ❻

向かい風によりウエーキ島で燃料補給していた時代

今日では米国の東海岸の都市から日本へ向かう便でも直行が当たり前となり、かつてハワイから日本への帰着便が、テクニカルランディングと言って、給油のために太平洋上の孤島の空港に立ち寄ったことなど想像もできないだろうが、これはジェット化された1970年代でも燃費の良くない機種ではしばしば経験した本当の話である。当時、ホノルルに滞在し羽田に戻る便を受け持つクルー（乗務員）にとっては、直行できるか、ウエーキ島へ立ち寄り2回の離着陸を含む合計12時間ものフライトになるかは、まさに天国と地獄の差であった。ホテルから空港に向かうバスのなかでは、サンフランシスコやロサンゼルスからやってくる羽田行きの機材が何なのか、それはときに賭け話になることもあった。「今日のDC8、何番が来るのかな？」と３名の運航乗務員と７名の客室乗務員は気が気ではなかった。仮にウエーキ島に立ち寄るとなると、運航乗務員にとっては自分たちで燃料をクレジットカードで購入し、ウェイト・アンド・バランス・シートという重量分布図も作成と、すべて作業はセルフサービスだ。米軍が管理していたウエーキ島には自社の駐在員などいるわけもなく、すべて自分たちでやらなければならなかったのである。私は最近のパイロットたちにこのときの経験を話すことがあるが、信じられないという顔をするばかりだ。客室乗務員にとっても、ウエーキ島へのテクニカルランディングとなれば大変だ。地上ではエンジンを止めてしまうので、機内のエアコンが使えない。そのため、すべてのドアを開けて赤いロープを張り、転落防止のためドアごとに見張りをつけなければならない。

このような理由から、クルーがホノルルの航務オフィスに出頭し、ドアを開けるなり発する第一声は「今日は何番が来るの？」であった。そして、たとえばアメリカ西海岸からまもなく到着予定の機材がJA8006（航空機ごとにつけられた固有の番号。JAは日本、8000番台は４発のジェット旅客機）だとわかると、「ああ……今日はウエーキ島に立ち寄らなければならない。大変な一日になるなあ」と落胆の声だ。一方、

JA8012（ターボファンエンジン搭載の50シリーズの中の1機）などとわかると、「やったあ……今日は直行できるぞ」という歓声が上がったものである。当日の羽田までの向かい風がどの程度であるかは、少し前に羽田から飛んできているのでわかっており、直行か否かはひとえに機番にかかっていたわけだ。ここで読者の皆さんは、なぜ当日まで自分たちの乗務する機種や機番がわからないのか疑問を持たれるだろう。今日では、数か月先までのフライトに使用される機種と機番まで、コンピュータの端末を使えば瞬時にわかる。しかし40年以上前の時代には、フライトの直前までどの機材を使うかわからなかったのである。

現在では、ホノルルから400人乗りの大型機で、どんなに向かい風が強くても直行が当たり前となっている。日本とハワイ諸島を結ぶ便は、チャーター便も含めると北は札幌から南は福岡まで全国の各都市に拡大され、それはJALグループだけでも1日に10便近くにのぼり、その多くは何百人もの乗客を一度に運べる中大型機である。

この話は100人少々の乗客しか運べなかったDC8で、日によっては1日にわずか1便のハワイ路線での話である。

(3) 東南アジア路線

東南アジア線を飛行する航空機にとって、現在では出発が遅れたり、ダイヤ通りに到着しなかったりという事態はかなり少なくなったと実感している。

以前ならば午前10時のゴールデンタイムはもちろんのこと、出発調整やパイロットが希望した巡航高度がなかなか取得できず、パイロットがイライラしてついには飛行ルートの変更を管制機関に要求することも少なくなかった。成田から香港やバンコクなどへ向かう便は最も短い「ＡＩ（アルファー・ワン）」というルー

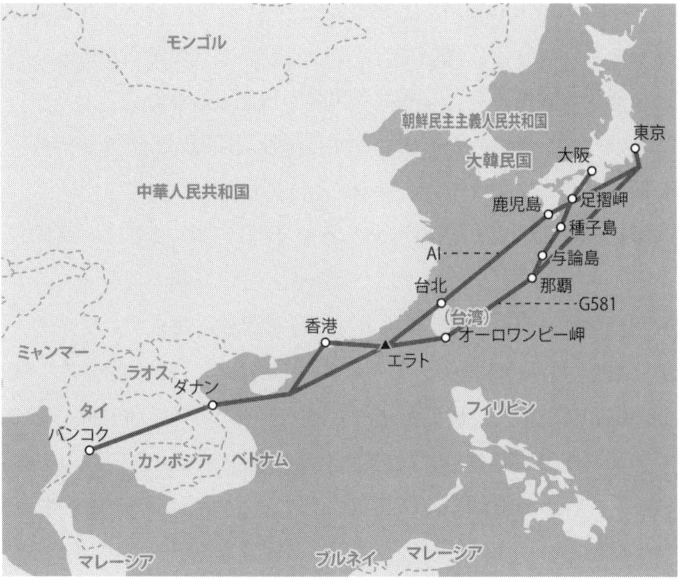

図6-14　日本―東南アジア間のルート①

トを優先的に使用する。ＡＩは古くから使われている幹線道路のようなもので、伊豆の三宅島からはじまって和歌山県の串本町、四国の足摺崎、九州の鹿児島市を経由して洋上飛行となって一路台湾の台北市から香港あるいはベトナムのダナン市からタイのバンコクへと向かうルートである。

これらの方面にはもう一つ、やはり三宅島から洋上を沖縄に向けて飛び、台湾の南端のヘンチュン（オーロワンピー岬）を経由してＡＩルートの台湾と香港の中間点である洋上地点のエラトに合流するG581というルートが用意されているが、大体はＡＩが混雑しているときに利用することが多かった。

しかし、近年空では短縮垂直間隔（RVSM：Reduced Vertical Separation Minimum）というルールやGPSによって任意に2地点を飛行できる広域航法（RNAV）という技術革新がもたらされ、混雑時間帯でもスムーズな出発が可能となった。このうち特に香港やバンコク方面へ向かう便では管制機関からの希望の高度が取得されやすくなったのはRVSMの効果が大きい。

以前、成田などから西へ向かう航空機は高高度ではFL310、350、390が指定され混雑時では我先にと取り合いになっていて管制機関にATCクリアランス（飛行承認）を要求するタイミング（通常は出発準備が整う5分前）を逃せば、同じ高度でも10分の縦間隔によって出発が遅れることが多かった。航空機にとって初期巡航高度は季節による偏西風の強さによってFL260から310くらいが理想で、350や390となると向かい風の影響を受け、高高度になればなるほど航空機自体の速度も低下するので、どうしてもFL310前後の高度にパイロットの希望高度が集中してしまうのである。

これが今世紀になると西向きの航空機（磁方位で180〜359度）はFLで300、320、340、360、380、400と選択肢が増えたのである。

その理由が前述のRVSMルールなのである。RVSMとはそれまでの行き交う航空機同士の高度差がルール上2,000フィート（約600m）から1,000フィート（約300m）へ短縮されたものである。それを可能にしたのは航空機の機上装備の革新であり、RVSMの条件としては独立した2系統の高度測定システム、高

表6-2　巡航高度

COURSE (magnetic)	000°〜179°		180°〜359°	
	IFR only		IFR only	
FL410を超える高度	・ FL490 FL450		・ FL470 FL430	
FL410以下 〜 FL290以上	FL410 FL390 ・ FL310 FL290		FL400 FL380 ・ FL320 FL300	
IFR／VFR	IFR	VFR	IFR	VFR
FL290未満 〜 FL140以上	FL270 ・ FL170 FL150	FL275 ・ FL175 FL155	FL280 ・ FL160 FL140	FL285 ・ FL165 FL145
FL140未満	13,000' 11,000' ・	13,500' 11,500' ・	12,000' 10,000' ・	12,500' 10,500' ・

注：FL290〜FL410の空域での巡行は、原則としてRVSM適合機に限られる。飛行中RVSMに適合しなくなった航空機に対して、またModerateを超えるタービュランスが報告された場合は近辺の航空機との間には2,000フィートの垂直間隔が摘要される（AIM.J）。

度監視警報システム、自立高度制御システム、トランスポンダーを装備しなければならない。

その結果、FL290からFL410以下の高度間隔がそれまでの半分に短縮されたのである。これは特に日本からの東南アジア便への影響が大きく、従来ならFL310、350、390などと4,000フィート間隔の必要性があったものが2,000フィート間隔になったおかげで多くの航空機が希望に近い初期巡航高度での出発が可能になったわけである。

次に東南アジアでもマレーシアやシンガポール、それにインドネシア方向に向かう便はRVSMに加えて飛行ルートが大幅に増えたことで定時出発の可能性が拡大したことである。特にフィリ

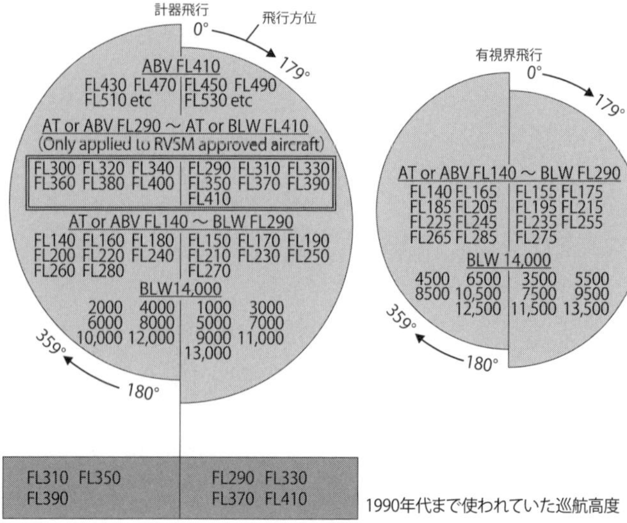

図6-15　VOR航空路・RNAV航空路の巡航高度

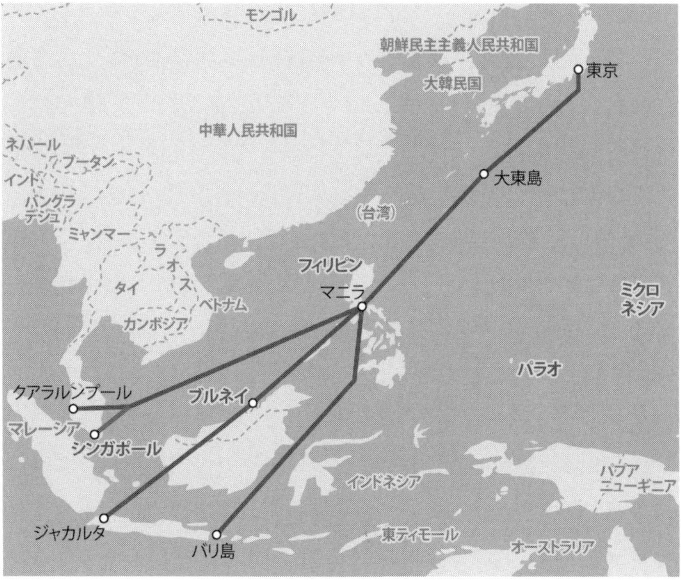

図6-16　日本―東南アジア間のルート②

ピン空域以南では、例えば従来からのA582やA590といったVORやNDBといった航空保安無線施設を使った航空路に加え、YやMなどの記号に番号が付けられたRNAVルートが増設され、トラフィック（航空機）の交通量の拡大に貢献しているのである。

【冬期飛行時間が15分短縮】

私はかつて冬期のＡＩを使った東南アジア便の飛行時間を短縮するルート案の提案を行った。紆余曲折の末、現在、そのルートが飛行計画に使われていることを嬉しく思っている。当時の経緯は次のとおりである。

1991年、私は東南アジア路線室の担当主席運航乗務員を務めていて、時間と燃料の節約のために成田から香港やバンコク方面へ向かう西行き便について、内陸側を通る航空路Ｖ・28の使用を社内で提案した。それは、三宅島からＡＩでしばらく洋上を飛行する代わりに内陸側のルートに変更し、名古屋、大阪、岡山、岩国、大分、鹿児島を経由して航空路ＡＩに合流するという方法だ。Ｖ・28と呼ばれているこの航空路を使うと、冬期では飛行時間にして約10分から15分短縮できる。所轄の福岡管制部の協力を得て、それから2年ほど実際にこのルートを使用したことがあった。成田から三宅島、串本、足摺岬を経由するＡＩというルートは、特に冬期は強いジェット気流（偏西風）の中心帯に長時間遭遇する。そのためジェット気流の強烈な向かい風で時間と燃料をロスし、タービュランス（乱気流）の頻度も多くなる。当時、わが社だけでも1日10便近くがＡＩを使用していたので、このルート変更によるメリットは莫大なものだった。

1991年5月から1992年4月までの1年間の実績は、飛行時間で各便が5分間短縮したとすると、燃料ではボーイング747、DC-10、ボーイング767だけで計222万8,000ポンド、金額にして約3,500万円の節約になった。しかし、これはＶ・28を飛んだ便数に5分を掛けた理論値で、実際の飛行時間の短縮は私の経験では年平均10分以上になる。すると1年間で7,000万円となるはずだ。このルートには、その後一部の他社も参入し、時間と経費、それに地球環境にも大きく貢献したのである。

当初、福岡管制部は日本航空便だけならばと便宜を図ってくれたが、すぐにどこから聞きつけたのかキャセイパシフィック航空

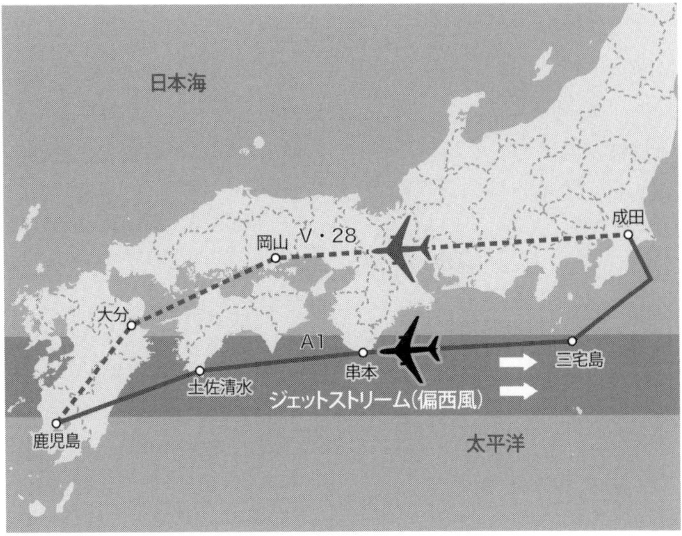

図 6-17　偏西風回避ルート

が同じように飛行計画を変更して参入してきた。同航空は安全運航でも実績があるが、このような点についても実にしたたかさを感じたものであった。そして全日空が続いた。しかしその他の航空会社は依然三宅島経由で飛行していた。

ところがあるとき日本航空便の機長がこのような経緯を知らず、管制官から鹿児島以後、三宅島経由の航空機を優先するので高度を一つ下の FL へ降下する指示が出されたことに反発して言い争いになり、その件を契機に福岡管制部がすべての航空便を三宅島経由に戻してしまったのである。

せっかく管制官の協力で時間と燃料を節約していたのに会社がパイロット達に経緯を周知徹底していなかったことによって水の

泡と消えたものであった。

しかし、長い期間を経てこの内陸ルートが復活した。このストーリーを私の自慢話と笑い飛ばしても結構であるが、乗客にとっても地球環境にとってもよいルートの運用になっていることだけは確かであろう。

(4) インド・パキスタン路線

【インドへの直行便】

日本とインドとを結ぶ航空便は年々増加している。理由は新興国インドの目覚ましい経済成長である。日本からインドに向かう

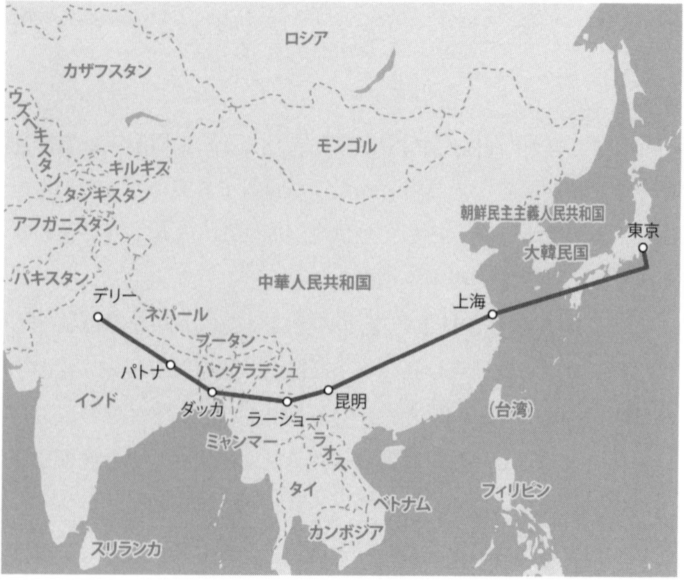

図 6-18　日本―インド間のルート

には、従来は香港やバンコク経由の便かそれらの空港で別の航空会社に乗り換える方法が一般的であったが今日では航空機の性能やナビゲーションの進歩によって中国南部やミャンマー、バングラディシュといった国々の上空を使った直行便が人気を集めている。

日本からの直行便の路線は九州の五島列島上空から上海に、そして中国内陸部を武漢の方向に、そして最終的には雲南省の昆明(クンミン)上空からミャンマー北部を横断してバングラディシュのダッカからインドに入っていくものである。我々はこれをクンミンルートと呼んでいる。日本からインドへの直行便は 1 日を通してそれほど多くはないので、関係国の承認がなかなか得られ

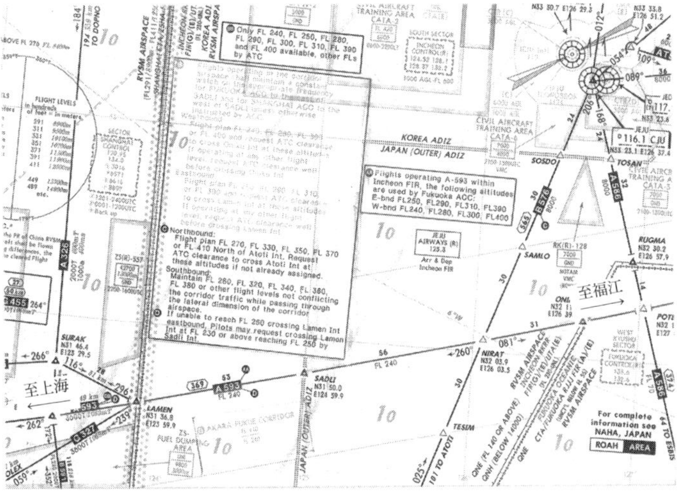

図 6-19　AKARA・FUKUE　コリドー
Jeppesen Chart（ジェプセン社）

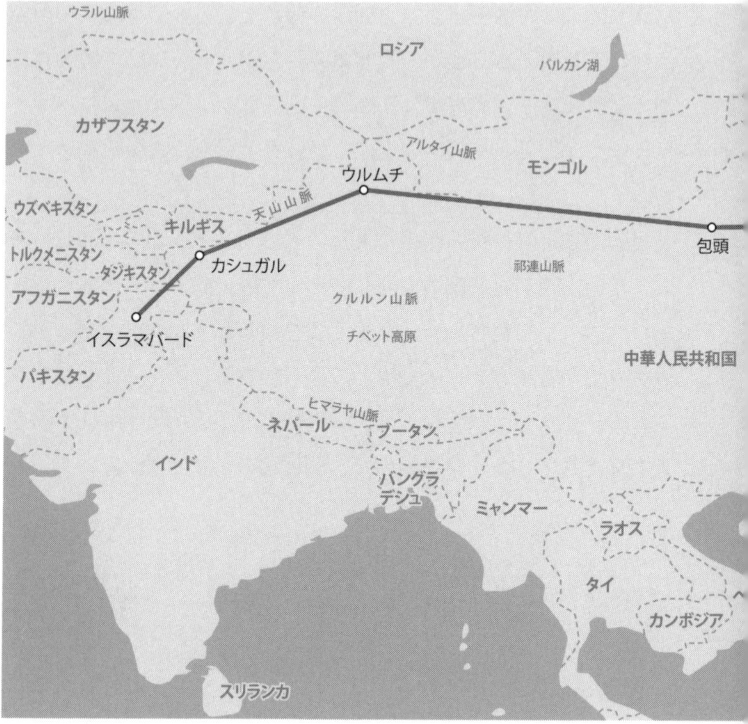

図 6-20　日本—パキスタン間のルート

ず、管制からのATCクリアランス（出発承認）が遅れるということはあまりないが、長崎の五島列島から上海までは空のコリドー（回廊）が存在し、日中間の多くの航空便が行き交う空の銀座になっている。

そして問題なのが一般に「AKARA・FUKUEコリドー」と呼ばれるこの空域を飛行する高度が制限されて混雑時にはパイロットの希望とは大きくかけ離れた高度を飛行するか、出発時に希望

の高度が得られるまで出発を遅らせる必要がある。このコリドーの区間はそう長い距離ではないが日本からの出発便にとってはフライトの最初のフェーズで、燃費に大きく係ることになるので、あまりに低い高度や高過ぎる高度では性能的に厳しく無理に上昇すると燃料を予定外に消費することにもなりかねない。具体的に説明するならば、このコリドーの中の西行きの便はFL240、280、300、380の高度が指定され、他の航空機との関係で仮にFL240やFL380しか使えないと管制官からいわれたら困ってしまうのである。この場合、インドへの直行便は偏西風の向かい風も受けるので飛行重量はまだかなり重い。そのため、FL380へ上昇することは失速速度に近づき向かい風が強いので止め、FL240という低い高度で速度を落として燃料消費のロスをできるだけ少なくする方法がある。しかし、現在の多くのパイロットは長距離便でそんなに低い高度を感覚的にも嫌うので、その場合は出発地で希望の高度が得られそうな時間まで出発を遅らせるしかない。

インドへの直行便はこの他にも特別なルールがある。中国の昆明からミャンマーにかけての3,000m級の山々が連なる山岳地帯を飛行するルートにとって、もしも航空機に減圧のトラブルが起きた場合、通常のように速やかに酸素マスクの不必要な約10,000フィート（3,000m）の高度に降下するわけにはいかず、そのためパイロットはこの区間ではミャンマーのマンダレー空港など、減圧に備えたいくつかの空港と、そこまでに山にぶつからないで緊急避難するコースと飛行高度を作図したチャートを準備して不測の事態に備えることがルール化されているのである。

【パキスタン行きの便】

日本からインドへは直行便が増えているが、隣国パキスタンへは直行便がなく、多くは北京経由となっている。北京から西へ向かう場合、特にダイヤに影響するファクターは強いていえば、近年北京首都空港は混雑が激しくまたPM2.5を原因とした視界不

図6-21　パキスタンと中国との国境風景。よく見るとシルクロードが走っている

良による離着陸への障害および遅延が考えられる。しかし、それ以外の運航に影響を与える要素はあまりないといってもよいだろう。

(5) オセアニア路線

日本とオーストラリアやニュージーランドとを結ぶ航空便は赤道を越えて南北に飛ぶ関係で偏西風の影響をあまり受けず年間を通してダイヤと実際の飛行時間との間にあまり差が生じないので、パイロットの立場からは定時運航に神経を使う場合は少ないといえよう。難問は赤道付近に年間を通して発生する積乱雲(CB)

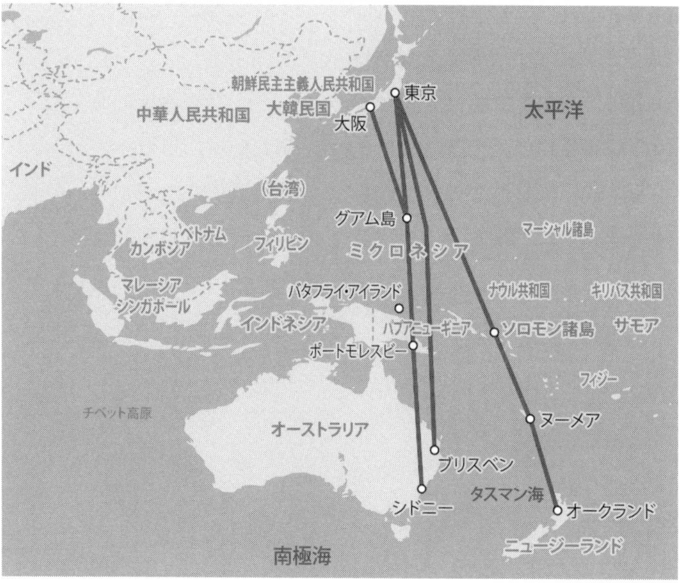

図6-22　日本一オセアニア間のルート

をいかにうまく回避しながら飛ぶかということである。CBは夜間でも高度40,000フィート近くまで発達したままいくつか重なるように壁を作っていることもあり、それを迂回するためには、ときに100マイル（180km）ルートから東西に離れたりする必要があり、飛行時間にして最大で約20〜30分、燃料にして約1,000ポンド消費することもあるが、大体は10分程度のロスで済むことが多い。

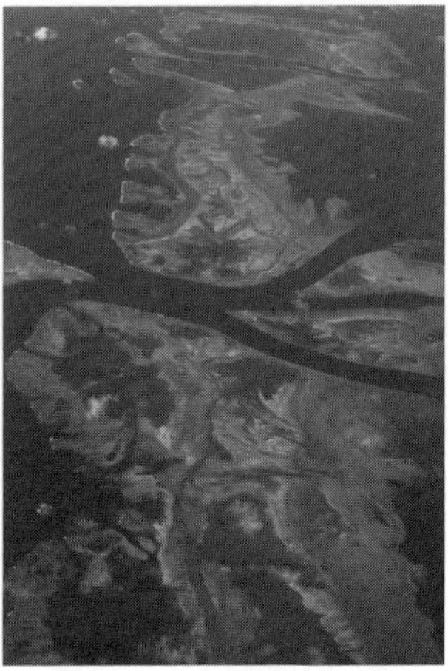

図6-23　ニューギニアから2,000km続くグレートバリアリーフ

次にオセアニア線は太平洋線のようにETPの設定は必要なく、飛行ルートを計画できるので飛行計画は簡単に作成できる。ただ一つ注意しておかなければならないことは、グアム島、サイパン島付近の空域はアメリカ領であるので政治的、軍事的に9.11のテロのときのように飛行（通過も含む）禁止措置が取られることを了承しておくことである。

COLUMN ❼

陸の孤島に近い硫黄島への緊急着陸（デルタ航空 294 便）

最近の 2014 年 11 月に我が国近辺で起きたアメリカの航空会社の緊急着陸。この事故は、デルタ航空（ボーイング 757）の関西国際空港発グアム行きの 294 便が、太平洋上の硫黄島から南南東約 452km 付近の上空で 2 基あるエンジンのうち 1 基にトラブルが発生したため、最も近い硫黄島に緊急着陸を行ったものである。

当該デルタ航空 294 便のとったアクションを考えてみると、そのまま目的地のグアム島に行くのも関西空港に戻ることも、あるいは鹿児島空港などの最寄りの空港へ向かうことも可能であった。あえて東京都小笠原村にある海上自衛隊の基地である硫黄島に着陸する必要はない。そのような不便な所に着陸してしまえば、乗客の振替もままならないし、機体はエンジンの交換作業のため長期間駐機することになり、航空会社にとっても大損害である。実際この時、乗客 163 名は成田からの代替機が到着するまで約 9 時間機外に出られず（入出国管理上）、エンジン交換のための整備士 6 名を代替機で輸送するまで長期駐留となった。

しかしデルタ航空機は、なぜそこまでして計器着陸も NDB（無指向性無線標識施設）しかなく、2,650m の滑走路、しかも民間航空機用の設備の乏しい硫黄島にこだわったのか。これこそが実際にエンジントラブルに遭遇したときのパイロットの考え方なのである。つまり、残されたエンジンも180分ルールが認められているとはいえ、いつ故障するかは誰にもわからない。それは1分後かも知れないのである。そして、もし残されたエンジンも使えなくなったら、航空機はもはや滑空状態となり近くの海上に着水するしかない。したがって、安全第一と考えれば、最も近い空港の硫黄島にあえて緊急着陸するしかないと考えたのである（p91「ETOPS運航が生まれた経緯」参照）。

第７章　定時運航とエアラインランキング

(1) どこからが出発時刻で、どこまでが到着時刻か

航空機の出発時刻と到着時刻は一体誰がどのように決めているのか。現在の日本の航空会社では大体が次のように同じ方法をとっている。それは出発時に航空機のパーキングブレーキを解除した時刻と到着時にパーキングブレーキをセットした時刻がコンピューターを介して計器に表示されるので、それをそのままパイロットが飛行日誌（フライトログ）に記載する方法である。

出発時にはトーイングカー（索引車）によってエンジンをかける場所まで押し出されることが多いが、その時に地上の作業員から「パーキングブレーキリリース（解除）」との連絡を受けて実際にパイロットがパーキングブレーキをリリースした時刻である。それはトーイングを要せず自力でゲートから走行する時も同じである。しかしながら飛行日誌に記入して公式な出発時刻を決めるのはあくまで機長であり、状況によって前述の時刻を修正することもある。その最も多いケースはパーキングブレーキをリリースした時刻がタイムテーブルに記載されている定刻より例えばわずか 1〜2 分過ぎている場合だ。そのような時にはそこから 1〜2 分さかのぼってキリの良い所で定刻の時刻に合わせて飛行日誌に記入する。それは飛行終了時に記載するブロックタイムの計算をしやすいという事情と航空会社が全社を挙げて取り組んでいる定時出発にも協力できるという気持からでる行為である。

現代のハイテク機ではパーキングブレーキの解除とセットがそのまま計器に表示されるものの、以前の航空機では全体の作業状況を見計らって機長が決定していたのでその習慣がひき継がれているという背景がそこにある。

機長によっては管制官からATCクリアランスを受領し、続いてグランドコントロールから出発の許可をもらった時刻を出発時刻としたり、ゲートを離れる前にエンジンを回す時にはその時刻を出発時刻としたりと様々であった。ただしすべてのドアが閉められ、出発準備が整った状況が大前提であることはいうまでもない。それは航空法で定められている機長の法的権限が「出発時にすべてのドアが閉められた時から到着時に一つのドアが開かれた時まで」とされていることからも疑問の余地はない。

一般にゲートを離れる時に車輪が回り始める時が出発時刻で到着時に車輪の回転が止った時が到着時刻と思われているようだが、エンジンを回し始める時をもって出発時刻としてもすべてのドアが閉められ管制官からトーイングの許可をもらった時をもって出発時刻としても何らおかしなことではない。反対に到着時に車輪の回転が止った後にエンジン燃料スイッチを切った頃に地上の作業員から「チョック・イン（車止めをセット）・パーキングブレーキリリース」との連絡があるのだが、エンジンの回転はまだ完全に止っていないことも多くドアも一つも開いていないこともある。この場合もエンジンの回転が止った時、あるいは一つのドアが開いた時を到着時刻としてもおかしなことではないだろう。もっとも航空会社としては定時到着率向上のためには出発時とは逆に機長ができるだけ早い時刻を飛行日誌に書いてもらうほうが有難いという立場もある。いずれにしても航空法やその関連法規には何をもって出発時刻と到着時刻とするかの記述はなく、機長が常識的に判断して飛行日誌に記載した時刻が公式なものとして取り扱われることになっている。

参考までに航空法には「到着の通知」という条項があり、「航空機の機長は、当該航空機が飛行計画で定めた飛行を終ったときは、遅滞なく国土交通大臣にその旨を通知しなければならない」との記述がある。ここでは到着について飛行の終了と関連づけて書かれているが、飛行の終了についてもどの時点かは明らかにされていない。

なお、定時出発に関し、ATCクリアランスの発出や地上滑走の順番などでJALやANAといった大手航空会社とLCCなどで差があるのではないかとの意見もあるが、我が国や米国では大手であっても優遇されることなく公平に扱われていると断言できる。

これまで日本の実情について触れたが、諸外国の航空会社では出発と到着時刻を一体どのようにして決めているのかはよく分らない。ただ2章で述べたように我が国を含め乗務員にとってはたとえ1分であっても月間や年間の乗務時間の合計はそのまま給与にはね返ってくる。長距離路線で上空での乗員交代無しでのシングル編成の場合、9時間を1分でも超えるとオーバータイムペイ（超過勤務手当）が時間単位で支給されたり、交通手段として自宅までタクシーが認められたりと航空会社ごとに労使間で様々な取り決めがなされているのでこの出発時刻と到着時刻に関しては機長はじめ乗務員の労働条件も係っていると知っていてほしい。

(2) ランキングにみる各社の出発率と到着率

巷にあふれるエアラインランキング等でよく使われる定時出発率と定時到着率。まずその前提となる定時出発と定時到着の定義から入っていきたい。

かつて私が勤めていたJALの地上部門ではダイヤから20分以内の遅延なら定刻（定時）と扱っていたようにダイヤからどの程度の範囲の遅延なら定刻（定時）と見なすかは航空会社が内部的に決めてそれを目標として日々の運航に努めている。つまり各航空会社間、ひいては日本全体で統一した定義は存在しないのである。エアラインランキングを発表する格付会社やサイトはそれぞれ任意で作った基準でランキングをつけているに過ぎない。例えば本書でも紹介した国際時刻表を発行している英国のオフィシャル・エアライン・ガイド（OAG）は定時運航に関するランキングを公表しているが定時運航を、フライト予定時刻の15分未満に到着または出発した場合としている。

参考までにそれによる2019年の定時運航率ランキングを紹介すると、次のようになっている。対象は総座席数×運送距離＝座席キロで世界の上位250位に入り、なおかつ定期便運航が3万便以上の航空会社である。

1位：ガルーダ・インドネシア航空（Garuda Indonesia、インドネシア）
95.01%

2位：コパ航空（Copa Airlines、パナマ）　92.01%

3位：スカイマーク（Skymark Airlines、日本）　90.12%

4位：ハワイアン航空（Hawaiian Airlines、米国）　87.40%
5位：LATAM 航空グループ（LATAM Airlines Group、チリ）　86.41%
6位：アエロフロート（Aeroflot、ロシア）　86.30%
7位：全日本空輸（All Nippon Airways、日本）　85.92%
8位：ジェットスター・アジア（Jetstar Asia、シンガポール）　85.48%
9位：シンガポール航空（Singapore Airlines、シンガポール）　85.32%
10位：タイ・エアアジア（Thai AirAsia、タイ）　84.49%
11位：イベリア航空（Iberia、スペイン）　84.06%
12位：シベリア航空（Siberia Airlines、ロシア）　83.88%
13位：エア・バルティック（Air Baltic、ラトビア）　83.63%
14位：デルタ航空（Delta Air Lines、米国）　83.56%
15位：日本航空（Japan Airlines、日本）　83.44%
16位：スカイ航空（Sky Airline、チリ）　83.42%
17位：エディハド航空（Etihad Airways、UAE）　83.40%
18位：カンタス航空（Qantas Airways、オーストラリア）　82.96%
19位：ジェットツー・コム（Jet2.com、イギリス）　82.69%
20位：インドネシア・エアアジア（Indonesia AirAsia、インドネシア）　82.41%

さて、このランキングで1位になったのは、なんとガルーダ・インドネシア航空だ。一時期、EUから乗り入れ禁止されたことのあるように安全運航では事故の多さで問題のある会社である。

2位のコパ航空から5位のLATAM航空グループまでは航空便の数や、ハワイアン航空のようにハワイでは有視界飛行による飛行時間の短縮ができ、地上での次の便までの地上滞在時間に余裕があるなどの固有の事情がある。

しかし6位のアエロフロート、7位の全日本空輸となってくると混雑した空港や便数の多さを考慮すると大健闘しているといえよう。さらに高い安全性も維持していながら、14位のデルタ航空、15位の日本航空はその事業規模や就航路線の過密度を考えたならば、極めて優秀な成績を出していると評価できる。

一方イギリスの格付け会社のシリウム（Cirium）は定時到着率を基準にしたランキングを発表している。この場合の基準とは「定刻に対して遅延15分未満に到着した便の全体に占める比率」で主要航空会社部門は有効座席マイルで世界150社以内が対象としている。そこでの部門別上位の航空会社は次の通りである。

全体のメインライン部門では、1位はアエロフロート（86.68%）、2位はANA（86.26%）、3位はデルタ航空（85.69%）。

アジア太平洋航空会社部門のメインライン部門では、1位はANA（86.26%）、2位はシンガポール航空（85.57%）、3位はタイ・エアアジア（83.74%）、4位はJAL（82.82%）。

欧州航空会社部門のメインライン部門では、1位はアエロフロート（86.68%）、2位はS7航空（84.66%）、3位はイベリア航空（83.33%）。

中東・アフリカ航空会社部門のメインライン部門では、1位はカタール航空（82.45%）、2位はエミレーツ航空（81.02%）、3位はミドル・イースト航空（79.38%）。

ローコスト航空会社部門では、1位はスターフライヤー(91.37%)、2位はエア・ドゥ（90.42%)、3位はソラシドエア(88.05%)。

これに対し、エアヘルプという格付会社では国際線を飛ぶ72の航空会社を対象に、運航時間の正確さとサービスの質、クレームの対応という3要素でランキングを発表しているがそれによると前述の定時運航率だけに基づくランキングで1位のアエロフロートは32位とそれほど高くなく、米国の航空会社はアメリカン航空が2位、ユナイテッド航空は16位、デルタ航空は17位と総じて高評価になっている。参考までにエアヘルプが作成したベストとワーストの上位ランキングを紹介すると次のようになっている。

〈ベストエアライン〉

1位：カタール航空（定時運航率84%）
2位：アメリカン航空（75%）
3位：アエロメヒコ航空（78%）
4位：スカンジナビア航空（73%）
5位：カンタス航空（79%）
6位：LATAM航空（77%）
7位：ウエストジェット航空（74%）
8位：ルクスエア（78%）
9位：オーストリア航空（71%）
10位：エミレーツ航空（75%）

〈ワーストエアライン〉

63位：アドリア航空（67%）

64位：アルゼンチン航空（80%）

65位：トランサヴィア（62%）

66位：ラウダモーション（51%）

67位：ノルウェー・エアシャトル（70%）

68位：ライアンエアー（65%）

69位：大韓航空（69%）

70位：クウェート航空（42%）

71位：イージージェット（67%）

72位：トーマス・クック航空（56%）

これらいくつかの格付会社などで発表するエアラインランキングから分かることは定時運航率だけのランキングとサービス等も加えたランキングの結果は必ずしも一致しないということである。さらに付け加えておきたいことは多くの格付け会社は安全性は基準として入れていないこと、安全性も基準として入れている格付会社であっても安全性の数値化に科学的な根拠が見られず利用者をかえって混乱させる結果となっていることである。

では日本国内の航空会社の定時運航に関するデータはどうなっているのか、次に紹介したい。

出典はなんと国土交通省である。それによると定時運航の定義は、出発予定時刻から15分以内の出発であり、到着時刻は一切要素として加えられていない。それによると2018年度では、以下のような結果であった。

1位：スカイマーク（定時運航率93.91％）
2位：スターフライヤー（93.88％）
3位：エア・ドゥ（90.76％）
4位：全日本空輸（90.51％）
5位：日本航空（89.91％）
6位：エアアジアジャパン（88.63％）
7位：ソラシドエア（87.16％）
8位：春秋航空日本（85.08％）
9位：ピーチ・アビエーション（82.61）
10位：ジェットスタージャパン（81.58％）
11位：日本トランスオーシャン航空（80.39％）
12位：バニラ・エア（79.33％）

なお、2012年から2016年度上期までの5年間の平均では次のような結果が出ている。

1位：日本航空（定時運航率93.66％）
2位：スターフライヤー（92.62％）
3位：全日空（92.02％）
4位：ソラシドエア（90.53％）
5位：春秋航空（90.52％）
6位：エア・ドゥ（90.28％）
7位：トランスオーシャン（89.72％）
8位：スカイマーク（87.06％）
9位：ジェットスター（82.25％）

10位：ピーチ（80.57%）

11位：バニラエア（79.88%）

これらをまとめるとトップはスカイマークで、上位4社の定時運航率（出発率）が90%を上回っている。全日空は2016年度に入ってから四半期調査で一度も90%を超えていない。下位5社のうち4社はすべてLCCでバニラ・エアは80%を下回り、春秋航空に10%引き離されている。

ここでトップの座を再び奪ったスカイマークは定時出発率を顧客獲得の目玉にして社を挙げて努力してる。しかし同社の拠点の一つである茨城空港はアクセスになお課題があり、乗客は定刻に十分間に合うように空港に集ることや、発着便の少ない空港という理由から定時出発は難しい課題ではない。

西の神戸空港も発着便が少なく同様である。もちろん混雑の大きい羽田空港も同社の拠点であるが日本航空や全日空の持つ過密空港の数での比率では圧倒的に小さい。

LCCの春秋航空も拠点は成田だけで大型機が集中する長い滑走路ではなく短い方の滑走路を主に使用するため定時出発率はLCCの中では高くなる要素がある。しかし同社は欠航率が最も高い会社でもあり利用者からするとそちらを先に改善してほしいとの思いがあろう。

こうして見てくると定時出発率や定時到着率をもって航空会社の実力を判断するのは危険であり、欠航率や何よりも安全性やサービス面の実態も加味する必要があろう。格付会社によっても統計方法が異なり、結果としてランキングで大きな違いがあるのも問題である。定時出発率や到着率について言及するのであれば同一空港、同一時間帯で各社を比較する等より多くのデータを利用者に与えるようにしなければ科学的とはいえない。いたずらに利用者に混乱を与えるのは多くの航空会社にとって不公平な取り扱いとなる可能性があるので注意が必要であろう。

COLUMN ❽

「超音速の夢よ再び」は実現されるか？

2020 年は新型コロナウイルスにより世界の航空界は大変な状況になっており、元の状況に戻るには２年から３年はかかるといわれている。しかし、この予想もしなかった「天災」が来襲する直前にはかつてのコンコルドのような超音速機の復活計画が発表されていたのである。

英仏政府は日本航空が出資する米国ブーム・テクノロジーがニューヨークとロンドンを３時間 15 分で、サンフランシスコと東京を約５時間 30 分で結ぶ新型ジェットの試作機を 2021 年にも初飛行させると発表していたのだ。コンコルドの引退から 15 年あまり、今度は航空機の素材をアルミニウムから、より軽い炭素繊維複合材に替えて、燃費を抑えて運賃もコンコルド時代のニューヨーク〜ロンドン間の約 220 万円から 55 万円に下げるのを目標にしているという。

だが、待ってほしい。排出される大量の CO_2 や衝撃波の地表へ与える悪影響、それに高硬度を飛行することによる乗務員への宇宙線被ばくといった諸問題は未解決のままではないのか。それに現在のハイテク機の安全性でもボーイング737MAXの相次ぐ事故を見ても、そのレベルはまだまだと言わざるを得ない。航空界は夢を持つのは自由だが、もっと地に足を置いた安全性優先の考えを忘れてはならないのではないだろうか。

付録　国内外のさまざまな時刻表

この章では世界各国の航空会社で使われてきた、あるいは現在使われている時刻表の代表的なものをいくつか取り上げた。

現在、日本を含め世界の航空会社で発行されている時刻表は出発地である都市や空港名と、目的地名のページから始まって、時刻と便を探すというスタイルになっている。ところが以前は鉄道の時刻表のように路線別に出発地から下に目的地を並べ、棒グラフのような形で表示するものであった。

ブックスタイルの時刻表はルフトハンザドイツ航空のように路線網が広く就航都市も多いことから始まったが、今や世界の航空会社でも定着した。これを「国際標準型」と呼ぶことにしたい。しかし、情報内容に関しては会社によって差があり、たとえば競合する航空会社のダイヤまで掲載している会社もあれば、コードシェア便の記載のない会社もある。だが共通しているのは、国際線の時刻表には、なぜかマイレージクラブの区間マイルが表示されていない点だ。

形や大きさについても各社特徴があり、分厚い本のようなものから路線ごとに限定した数ページほどのペラペラのものまでさまざまだ。営業戦略上、経費をかけてでも充実した時刻表を発行し、中長期的に顧客を取り込もうとする、あるいは経費削減のために最小限の内容だけで十分だろうとするなど考え方に違いがあるのだろう。これは表紙のデザインについても言え、各社のアピールポイントが集約されており、比較してみるのもよいだろう。

JAL国際線時刻表（1964年版）

1964年といえば東京オリンピックが開催され、東海道新幹線が開業したように日本が高度経済成長期に突き進んでいく時代を象徴している。日本で唯一の国際線を運航していた日本航空は文字通り国を代表するナショナル・フラッグ・キャリアとして世界に羽ばたいていた。国内幹線ではジェット化が成し遂げられ南廻り欧州線には前年に導入したDC-8型が便数を増やしていった時代である。

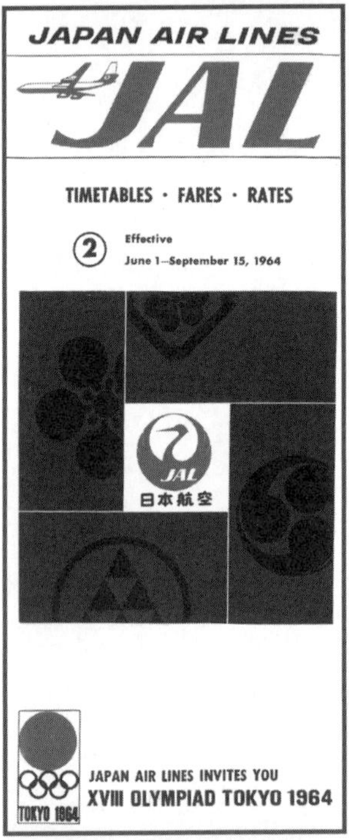

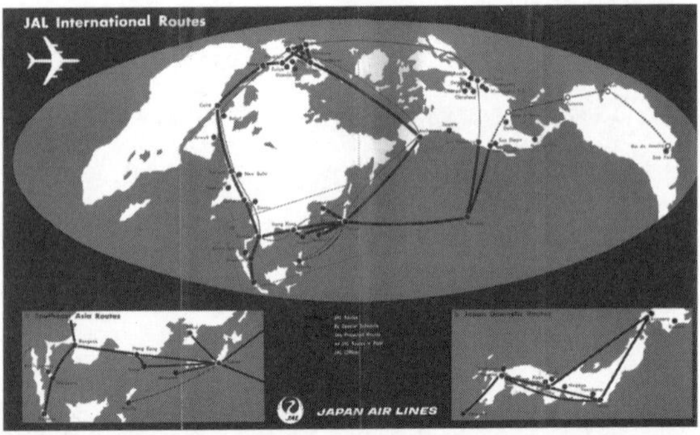

当時の日本航空の路線網と就航していた都市を表わす空のマップ。シベリアルートやオセアニア方面には路線がなかったこと、それに国内線の路線の少なさが目立つ。

JAPAN AIR LINES TIMETABLES • FARES • RATES

EUROPE & ASIA PASSENGER FARES

First class fares in red. Economy class fares in blue.

↙	↙↗	↙	↙↗	From/to	↙	↙↗	↙	↙↗
US Dollars				DJAKARTA	UK £ sh.			
929.60	1766.30	571.20	1085.30	London	332.00	630.16	204.00	387.12
348.60	627.50	264.10	475.40	Okinawa	124.10	224.02	94.06	169.15
385.00	731.50	285.60	542.70	Osaka/Tokyo	137.10	261.05	102.00	193.16
921.20	1750.30	565.60	1074.70	Paris	329.00	625.02	202.00	383.16
868.00	1649.20	532.00	1010.80	Rome	310.00	589.00	190.00	361.00
75.20	142.90	57.90	110.10	Singapore	26.17	51.01	20.13	39.05
915.60	1739.70	560.00	1064.00	Zurich	327.00	621.06	200.00	380.00
US Dollars				FRANKFURT	W. German Mark			
859.60	1633.30	495.60	941.70	Bangkok	3439.00	6535.00	1963.00	3768.00
282.80	537.40	193.20	367.10	Cairo	1132.00	2151.00	773.00	1469.00
649.60	1234.30	425.60	808.70	Calcutta	2599.00	4939.00	1703.00	3236.00
921.20	1750.30	565.60	1074.70	Djakarta	3685.00	7002.00	2263.00	4300.00
1141.50	2170.50	693.50	1319.30	Fukuoka①	4567.00	8682.00	2775.00	5277.00
988.40	1878.00	576.80	1096.00	Hong Kong	3954.00	7513.00	2308.00	4386.00
394.80	750.20	271.60	516.10	Kuwait	1580.00	3002.00	1087.00	2066.00
62.30	118.40	47.10	89.50	London	250.00	475.00	189.00	360.00
1027.60	1952.50	621.60	1181.10	Manila	4111.00	7811.00	2487.00	4726.00
1083.60	1950.50	649.60	1169.30	Okinawa	4335.00	7803.00	2599.00	4679.00
1125.60	2138.70	677.60	1287.50	Osaka/Tokyo	4503.00	8556.00	2711.00	5151.00
82.40	156.60	60.00	114.00	Rome	330.00	627.00	240.00	456.00
870.90	1654.60	504.00	957.60	Singapore	3484.00	6620.00	2016.00	3831.00
1075.20	2042.90	646.80	1229.00	Taipei	4301.00	8172.00	2588.00	4918.00
US Dollars				FUKUOKA	Yen			
1141.50	2170.50	693.50	1319.30	Amsterdam①	411000	781400	249700	474950
329.50	627.70	242.70	462.80	Bangkok①	118650	225950	87400	166600
959.50	1824.70	617.90	1175.60	Cairo①②	345450	656900	222500	423250
469.50	893.70	346.30	659.60	Calcutta①	169050	321750	124700	237450
1141.50	2170.50	693.50	1319.30	Copenhagen Hamburg①	411000	781400	249700	474950
400.90	763.30	301.50	574.50	Djakarta①	144350	294800	108600	206800
1141.50	2170.50	693.50	1319.30	Dusseldorf Frankfurt①	411000	781400	249700	474950
232.50	443.40	171.30	327.10	Hong Kong①	83750	159650	61700	117750
556.30	1058.60	396.70	755.40	Karachi①	200300	381100	142850	271950
844.70	1606.60	575.90	1095.80	Kuwait①②	304150	578350	207350	394500
1141.50	2170.50	693.50	1319.30	London①	411000	781400	246700	474950
200.50	381.00	144.00	273.60	Manila	72200	137200	51850	98550
75.10	135.20	52.10	93.80	Okinawa	27050	48700	18750	33750
		15.90	31.80	Osaka			5715	11430
1141.50	2170.50	693.50	1319.30	Paris①	411000	781400	249700	474950
1085.50	2064.10	657.10	1250.10	Rome①②	390850	743050	236600	450050
1147.10	2181.10	699.10	1329.90	Rome①③	413000	785200	251750	478750
368.70	702.20	265.10	505.30	Singapore①	132800	252800	95500	181900
120.30	216.60	87.10	156.80	Taipei	43300	77950	31350	56450
		31.80	63.60	Tokyo			11429	22858
1141.50	2170.50	693.50	1319.30	Zurich①	411000	781400	24970	474950
US Dollars				HAMBURG	W. German Mark			
868.00	1649.20	501.20	952.30	Bangkok	3472.00	6597.00	2005.00	3810.00
305.20	579.90	207.20	393.70	Cairo	1221.00	2320.00	829.00	1576.00
658.00	1250.20	431.20	819.30	Calcutta	2632.00	5001.00	1725.00	3278.00
929.60	1766.30	571.20	1085.30	Djakarta	3719.00	7067.00	2285.00	4342.00
1141.50	2170.50	693.50	1319.30	Fukuoka①	4567.00	8682.00	2775.00	5277.00
996.80	1894.00	582.40	1106.60	Hong Kong	3988.00	7578.00	2330.00	4427.00
411.50	782.10	285.60	542.70	Kuwait	1647.00	3130.00	1143.00	2172.00
1036.00	1968.40	627.20	1191.70	Manila	4144.00	7874.00	2509.00	4768.00
1092.00	1965.60	655.20	1179.40	Okinawa	4368.00	7863.00	2621.00	4718.00
1125.60	2138.70	677.60	1287.50	Osaka/Tokyo	4503.00	8556.00	2711.00	5151.00
879.20	1670.50	509.60	968.30	Singapore	3517.00	6683.00	2039.00	3875.00
1083.60	2058.90	652.40	1239.60	Taipei	4335.00	8237.00	2610.00	4959.00
US Dollars				HONG KONG	HK Dollars			
988.40	1878.00	576.80	1096.00	Amsterdam	5648.00	10732.00	3296.00	6263.00
122.50	232.80	86.80	165.00	Bangkok	700.00	1330.00	496.00	943.00
761.60	1447.10	484.40	920.40	Cairo	4352.00	8269.00	2768.00	5260.00
229.60	436.30	162.40	308.60	Calcutta	1312.00	2493.00	928.00	1764.00
996.80	1894.00	582.40	1106.60	Copenhagen Hamburg	5696.00	10823.00	3328.00	6324.00
226.50	434.20	182.70	347.20	Djakarta	1306.00	2482.00	1044.00	1984.00
988.40	1878.00	576.80	1096.00	Dusseldorf Frankfurt	5648.00	10732.00	3296.00	6263.00
232.50	443.40	171.30	327.10	Fukuoka①	1329.00	2534.00	980.00	1869.00
316.40	601.20	224.00	425.60	Karachi	1808.00	3436.00	1280.00	2432.00
632.80	1202.40	414.40	787.40	Kuwait	3616.00	6871.00	2368.00	4500.00
129.10	232.40	98.00	176.40	Okinawa	738.00	1329.00	560.00	1008.00
216.60	411.60	155.40	295.30	Osaka/Tokyo	1238.00	2353.00	888.00	1688.00
988.40	1878.00	576.80	1096.00	Paris	5648.00	10732.00	3296.00	6263.00
915.60	1739.70	534.80	1016.20	Rome	5232.00	9941.00	3056.00	5807.00
89.60	161.30	70.00	126.00	Taipei	512.00	922.00	400.00	720.00
982.80	1867.40	571.20	1085.30	Zurich	5616.00	10671.00	3264.00	6202.00
US Dollars				KARACHI	Pakistan Rupee			
571.20	1085.30	369.60	702.30	Amsterdam	2720	5168	1760	3344
201.40	388.40	145.60	276.70	Bangkok	974	1851	694	1319
352.80	670.40	260.40	494.80	Cairo	1680	3192	1240	2356
107.10	203.50	81.20	154.30	Calcutta	510	969	387	736
579.60	1101.30	375.20	712.90	Copenhagen Hamburg	2760	5244	1787	3396
353.70	672.10	259.00	492.10	Djakarta	1684	3200	1234	2345
556.30	1058.60	396.70	755.40	Fukuoka①	2650	5041	1890	3597
316.40	601.20	224.00	425.60	Hong Kong	1507	2864	1067	2028
579.60	1101.30	375.20	712.90	London	2760	5244	1787	3396
378.00	718.20	267.40	508.10	Manila	1800	3420	1274	2421
445.50	801.90	322.00	579.60	Okinawa	2122	3820	1534	2762
540.40	1026.80	380.80	723.60	Osaka/Tokyo	2574	4891	1814	3447
571.20	1085.30	369.60	702.30	Paris	2720	5168	1760	3344
495.60	941.70	322.00	611.80	Rome	2360	4484	1534	2915
295.70	561.90	210.00	399.00	Singapore	1408	2676	1000	1900
406.00	730.80	294.00	529.20	Taipei	1934	3482	1400	2520
565.60	1074.70	364.00	691.60	Zurich	2694	5119	1734	3295

① via Tokyo　② via India　③ via Pole

1964 年当時の航空運賃表。航空界にはまだビジネスクラスがなかった時代で、料金はファーストクラスとエコノミークラスの 2 種類しかなく、目的空港別に片道料金と少し割安な往復料金が書かれている。当時の国際線の運賃は IATA 加盟国の間で統一されており、すべて US ドル建てであった。1US ドル＝ 360 円の固定相場の下、日本人にとって海外旅行は非常に高額なものであった。一流企業の大卒初任給が約 2 万円の時代である。かなり字は小さいが、日本円でどのくらいだったのか計算してみてほしい。

JAL貨物便時刻表（2008年版）

貨物便の時刻表が存在していることは、一般にはあまり知られていないが、航空貨物が普及するとともに発行されている。この貨物便専用の時刻表は主として荷主向けに作られたものであるが、パイロットにとっても業務上なくてはならないものであった。それは勤務時刻や貨物専用機の運用を知るうえでも非常に便利であったからだ。書式の特徴は地域別に就航地が左側に並び、ヨーロッパから日本に向かう「上り」便と、日本からヨーロッパ等に向かう「下り」便が棒グラフのように一覧になっている。これはどちらかというと鉄道の時刻表に近いといえるだろう。

JALの貨物便専用の時刻表。この一冊で全路線のダイヤを知ることができる。「JAL/CARGO」という表紙が印象的である。

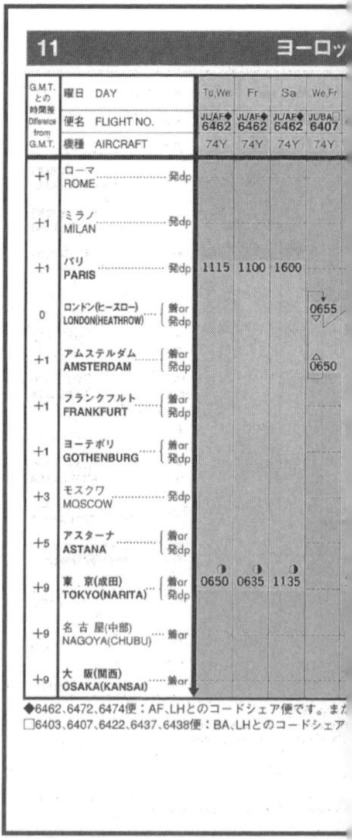

11　ヨーロッ

G.M.T.との時間差 Difference from G.M.T.	曜日 DAY		Tu,We	Fr	Sa	We,Fr
	便名 FLIGHT NO.		JL/AF◆ 6462	JL/AF◆ 6462	JL/AF◆ 6462	JL/BA□ 6407
	機種 AIRCRAFT		74Y	74Y	74Y	74Y
+1	ローマ ROME	発dp				
+1	ミラノ MILAN	発dp				
+1	パリ PARIS	発dp	1115	1100	1600	
0	ロンドン(ヒースロー) LONDON(HEATHROW)	着ar 発dp				0655
+1	アムステルダム AMSTERDAM	着ar 発dp				0650
+1	フランクフルト FRANKFURT	着ar 発dp				
+1	ヨーテボリ GOTHENBURG	着ar 発dp				
+3	モスクワ MOSCOW	発dp				
+5	アスターナ ASTANA	着ar 発dp				
+9	東　京(成田) TOKYO(NARITA)	着ar 発dp	0650	0635	1135	
+9	名古屋(中部) NAGOYA(CHUBU)	着ar				
+9	大　阪(関西) OSAKA(KANSAI)	着ar				

◆6462、6472、6474便：AF、LHとのコードシェア便です。ま
□6403、6407、6422、6437、6438便：BA、LHとのコードシェア

JAL CARGO FLIGHT SCHEDULE

JAL CARGO の飛行機。夜に出発する便が多い。

貨物便の時刻表といっても、同じ地域を就航する旅客便も利用者のために記載されていた。旅客便は貨物便と区別するために右側に寄せられ、白い字体と棒グラフで示されている。

Sa	Sa	Tu	Th,Su	We	Fr
JL/LH□ 6437	JL/LH□ 6438	JL/LH◆ 6472	JL/LH◆ 6472	JL/LH□ 6422	JL/LH□ 6422
74Y	74Y	M1F	M1F	74Y	74Y
1130▽ △1245					
	1525	2045▽	2035▽	1450	1430
		△◑ [0725 0825]▽	△◑ [0715 0825]▽		
	◑ 1035	△◑ 1900	△◑ 1900	◑ 1000	◑ 0940

で運航いたします。
よび乗務員で運航いたします。

ヨーロッパ Europe　12

曜日 DAY	Su	Mo,We,Fr	Mo	Th	Tu,Th,Su	Mo,We,Fr,Sa	Daily	Daily	Daily	Daily	Daily	Daily	Mo,Fr	Daily
便名 FLIGHT NO.	JL/LH□ 6422	JL/LH◆ 6474	6801	6801	400	418	406	438	402	422	412	408	442	53
機種 AIRCRAFT	74Y	M1F	74Y	74Y	747	747	777	777	777	777	777	777	777	747 (Mo・Tu・We：777 月・火・水曜：機材777)
発dp ローマ ROME					2100									
発dp ミラノ MILAN						2110								
発dp パリ PARIS							1805	1650						
着ar 発dp ロンドン(ヒースロー) LONDON(HEATHROW)									1900	1535				
着ar 発dp アムステルダム AMSTERDAM											2015			
着ar 発dp フランクフルト FRANKFURT	1510	1955▽										2025		
着ar 発dp ヨーテボリ GOTHENBURG		△2135 2310▽												
発dp モスクワ MOSCOW													1715	
着ar 発dp アスターナ ASTANA		△◑ [0910 1010]▽												
着ar 発dp 東　京(成田) TOKYO(NARITA)	◑ 1020		1420▼	1425▼	◑ 1705	◑ 1705	◑ 1400		◑ 1600		◑ 1545	◑ 1550	◑ 0850	1830▼
着ar 名古屋(中部) NAGOYA(CHUBU)								◑ 1250						▲1950
着ar 大　阪(関西) OSAKA(KANSAI)		△◑ 2015	▲1555	▲1600						◑ 1250				

◆Flight 6462, 6472 and 6474 are codeshare flights with AF and LH by these carriers' aircraft and crew respectively.
□Flight 6403, 6407, 6422, 6437 and 6438 are codeshare flights with BA and LH by JL aircraft and crew.

（網掛け）フレイター／Freighter　（白）貨客便／Passenger flight, cargo carried in belly.

JAL国際線時刻表（2019～2020年版）

かつて鉄道時刻表のような表示で一世風靡したJALも、現在は地域ごとに出発地から始まって目的地をたどる「国際標準型」に変わっている。

JALの国際線時刻表は縦型のコンパクトなタイプであるが、一冊で全路線が分かるようになっていて利便性もよい。

JAPAN AIR LINES INTERNATIONAL FIGHT SCHEDULE

東南アジア／南アジア Southeast Asia/South Asia　シンガポール／クアラルンプール コタキナバル／デリー

発地 FROM	便名 FLIGHT NO.	機種 AIRCRAFT	クラス CLASS	曜日 DAY	出発 DP.	到着 AR.		着地 TO
成田 NARITA 〈+9〉	JL 711	SS2	C·PY·Y	毎日 Daily Wi-Fi	18:00	00:50 ◑	7:50	シンガポール SINGAPORE 〈+8〉
羽田 HANEDA 〈+9〉	JL 35	SS2	C·PY·Y	毎日 Daily Wi-Fi	00:05	06:45	7:40	
	JL 37	SS2	C·PY·Y	毎日 Daily Wi-Fi	10:50	17:30	7:40	
成田 NARITA 〈+9〉	JL 723 *1	SS9II	C·PY·Y	毎日 Daily Wi-Fi	11:05	18:10	8:05	クアラルンプール KUALA LUMPUR 〈+8〉
	JL/MH 7091	350/380	C·Y	毎日 Daily	10:10	17:05	7:55	
	JL/MH 7093	350	C·Y	水·木·金·土·日 We,Th,Fr,Sa,Su	22:30	05:25 ◑	7:55	
関西 KANSAI 〈+9〉	JL/MH 7095	350	C·Y	毎日 Daily	09:55	15:55	7:00	
成田 NARITA 〈+9〉	JL/MH 7979	737	C·Y	月·木 Mo,Th	09:30	15:00	6:30	コタキナバル KOTA KINABALU 〈+8〉
	JL 749 *2	SS9II	C·PY·Y	毎日 Daily Wi-Fi	11:00	17:55	10:25	デリー DELHI 〈+5.5〉

JL：日本航空による運航
Operated by Japan Airlines

JL/MH：マレーシア航空による運航
Operated by Malaysia Airlines

MH（マレーシア航空）による運航便（コードシェア便）のご案内

●掲載便の運航スケジュール・運航日は変更になる場合がございます。詳しくはJAL Webサイト【航空券予約】にてご確認ください。
●空港・機内サービス（機内販売を含む）：MHが提供いたします。JL（日本航空）の乗務員は乗務いたしません。
●チェックイン：MHカウンターまでお越しください。

Codeshare flights with MH

Schedules and flight dates are subject to change without notice. For details, please refer to the JAL website "Book Flights". Airport and in-flight cabin services (including in-flight shopping) of codeshare flights are provided by MH. JL codeshare flights are operated by JL partner aircraft and crew. Check-in for codeshare flights is available at MH check-in counters at each airport.

Singapore/Kuala Lumpur Kota Kinabalu/Delhi　東南アジア／南アジア Southeast Asia/South Asia

発地 FROM	便名 FLIGHT NO.	機種 AIRCRAFT	クラス CLASS	曜日 DAY	出発 DP.	到着 AR.		着地 TO
シンガポール SINGAPORE 〈+8〉	JL 712	SS2	C·PY·Y	毎日 Daily Wi-Fi	08:20	16:05	6:45	成田 NARITA 〈+9〉
	JL 38	SS2	C·PY·Y	毎日 Daily Wi-Fi	02:20	09:50	6:30	羽田 HANEDA 〈+9〉
	JL 36	SS2	C·PY·Y	毎日 Daily Wi-Fi	22:25	05:55 ◑	6:30	
クアラルンプール KUALA LUMPUR 〈+8〉	JL 724 *3	SS9II	C·PY·Y	毎日 Daily Wi-Fi	22:50	06:35 ◑	6:45	成田 NARITA 〈+9〉
	JL/MH 7092	350	C·Y	水·木·金·日 We,Th,Fr,Su	09:40	17:30	6:50	
	JL/MH 7090	350/380	C·Y	毎日 Daily	23:35	07:15 ◑	6:40	
	JL/MH 7094	350	C·Y	毎日 Daily	22:40	05:40 ◑	6:00	関西 KANSAI 〈+9〉
コタキナバル KOTA KINABALU 〈+8〉	JL/MH 7978	737	C·Y	月·木 Mo,Th	00:50	07:20	5:30	成田 NARITA 〈+9〉
デリー DELHI 〈+5.5〉	JL 740 *4	SS9II	C·PY·Y	毎日 Daily Wi-Fi	20:20	07:10 ◑	7:20	

〈運航期間➡出発時刻–到着時刻／Period➡Dep. Time–Arr. Time〉
*1: 10/27～11/30➡11:15–18:10
*2: 10/27～11/30、3/1～➡11:20–17:55
*3: 10/27～11/30➡22:50–06:45
*4: 10/27～11/30、3/1～➡20:20–07:20

東南アジア／南アジアに限定したページ。必要な情報は漏れなく入っていて、コードシェア便の情報も加わって使い勝手もよい。

※時刻表の内容は実際とは必ずしも一致しません

JAL国内線時刻表（2020年版）

すっかり定着した都市（空港）名から始まる時刻表。国内線時刻表の特徴としてマイレージバンクの区間マイル数も記載されている。ただ使い勝手という点では、それぞれのページごとにも使用機材の説明と最大搭乗者数が書かれていれば予約や旅の快適性を考慮するうえでよいのではないだろうか。

25 札幌（新千歳）

ご予約・お問い合わせ 0570-025-071（7:00~20:00） www.jal.co.jp

札幌（新千歳） SAPPORO(NEW CHITOSE) ⇒ 666マイル ⇒ 大阪 OSAKA ⇒ 666マイル ⇒ 札幌（新千歳）

便名	機種	出発	到着	便名	機種	出発	到着
2000	736 J	07:35	伊09:35	2001	736 J	伊08:00	09:55
2502	738 J	10:40	関13:05	2501	738 J	関09:20	11:15
2504	738 J	12:00	関14:20	2005	738 J	伊10:20	12:05
2006	738 J	12:45	伊14:45	2503	738 J	関13:55	15:45
2010	738 J	16:50	伊18:55	2505	738 J	関15:00	16:50
2016	738 J	17:55	伊19:55	2009	738 J	伊15:30	17:15
2506	738 J	18:00	関20:25	2019	736 J	伊19:10	20:55

札幌（新千歳） ⇒ 614マイル ⇒ 名古屋（中部） NAGOYA(CHUBU) ⇒ 614マイル ⇒ 札幌（新千歳）

便名	機種	出発	到着	便名	機種	出発	到着
3100	736 J	08:50	10:45	3103	736 J	09:10	10:50
3106	738 J	11:30	13:20	3105	738 J	11:30	13:10
3114	738 J	15:50	17:45	3107	738 J	13:00	14:45
3118	738 J	18:30	20:25	3117	738 J	18:45	20:25

①313便　2月1～29日359FJにて運航
②525便　2月1～29日5分早発で359FJにて運航
③527便　1月7～31日5分早発で359FJにて運航

札幌（新千歳） ⇒ 882マイル ⇒ 福岡 FUKUOKA ⇒ 882マイル ⇒ 札幌（新千歳）

便名	機種	出発	到着	便名	機種	出発	到着
500 ↓	772 F J	08:00 0940	羽田着	3513	738 J	11:45	14:00
313	772 F J	羽田発 1005①	12:10	3515	738 J	14:55	17:05
3510	738 J	11:30	14:15	324 ↓	738 J	17:25 1900	羽田着
3512	738 J	14:00	16:45	529	772 F J	羽田発 1940	21:15

札幌（新千歳） ⇒ （東京） ⇒ 沖縄（那覇） OKINAWA(NAHA) ⇒ （東京） ⇒ 札幌（新千歳）

便名	機種	出発	到着	便名	機種	出発	到着
502 ↓	772 F J	09:00 1040	羽田着	910 ↓	767 F J	14:35 1650	羽田着
913	767 F J	羽田発 1115	14:10	525	772 F J	羽田発 1735②	19:10
520 ↓	738 J	17:30 1910	羽田着	914 ↓	772 F J	15:30 1745	羽田着
925	767 J	羽田発 1945	22:35	527	772 F J	羽田発 1835③	20:10
				916 ↓	767 F J	16:25 1840	羽田着
				529	772 F J	羽田発 1940	21:15

札幌（新千歳） ⇒ 148マイル ⇒ 女満別 MEMANBETSU ⇒ 148マイル ⇒ 札幌（新千歳）

便名	機種	出発	到着	便名	機種	出発	到着
2713	E70	07:30	08:15	2712	E70	08:45	09:35
2715	E70	12:55	13:40	2714	E70	14:10	15:00
2719	E70	16:30	17:15	2718	E70	17:45	18:35

札幌（新千歳） ⇒ 153マイル ⇒ 青森 AOMORI ⇒ 153マイル ⇒ 札幌（新千歳）

便名	機種	出発	到着	便名	機種	出発	到着
2803	E70	10:05	10:55	2804	E70	11:25	12:15
2805	E70	12:45	13:35	2806	E70	14:05	14:55
2809	E70	19:05	20:00	2810	E70	20:40	21:30

安全で快適な空の旅のために（改正航空法のご案内）

法律で以下の行為が禁止されるとともに、違反した場合、罰金が科せられることがあります。皆さまのご理解、ご協力をお願いいたします。詳しくはWebサイトでご確認ください。

●乗降口または非常口の扉の開閉装置を操作すること ●化粧室で喫煙すること ●乗務員の職務を妨害すること ●禁止された電子機器を使用すること ●座席ベルトを着用しないこと ●座席の背、テーブルなどを所定の位置に戻さないこと ●非常脱出の妨げになる場所へ手荷物を放置すること ●消火器、非常用警報装置、救命胴衣などを操作・移動または機能を損なう行為をすること

機内持込制限品について ※制限品については82ページをご参照ください。

銃砲刀剣類・ナイフ・ハサミなどの刃物類・その他凶器となりうる物の機内へのお持ち込みは法律違反であり、50万円以下の罰金の対象となります。あらかじめカウンターでお預けいただくか、放棄をお願いいたします。
※法令により、受託手荷物としてもお預かりできない危険物もございますので、ご注意ください。

□＝日本航空（JAL）　□＝ジェイ・エア（J-AIR）　□＝北海道エアシステム（HAC）　□＝日本トランスオーシャン航空（JTA）　□＝日本エアコミューター（JAC）

JAPAN AIR LINES DOMESTIC FIGHT SCHEDULE

形とサイズは正方形でポケットに入れるには少々難がある。国際線版のように縦長の方が携帯には便利であろう。

…北ウイングにて方面別の搭乗手続き
…ク表記をご確認のうえご利用ください。

札幌（新千歳）26

秋田 AKITA → 238マイル → 札幌（新千歳）

	便名	機種	出発	到着
30	2822	E70	12:00	12:55
45	2828	E70	20:20	21:15

花巻 HANAMAKI → 226マイル → 札幌（新千歳）

	便名	機種	出発	到着
45	2830	E70	09:00	10:00
30	2832	E70	15:00	16:00
25	2838	E70	17:20	18:20

山形 YAMAGATA → 321マイル → 札幌（新千歳）

	便名	機種	出発	到着
35	2842	EMJ	13:15	14:30

仙台 SENDAI → 335マイル → 札幌（新千歳）

	便名	機種	出発	到着
30	2901	E70	07:45	08:55
55	2903	E70	10:00	11:15
35	2905	738 J	15:10	16:20
00	2907	E70	17:05	18:15
00	2909	E70	20:30	21:40

新潟 NIIGATA → 369マイル → 札幌（新千歳）

	便名	機種	出発	到着
40	2871	E70	11:10	12:25
30	2877	E70	18:05	19:15

札幌（新千歳）→ 507マイル → 松本 MATSUMOTO → 507マイル → 札幌（新千歳）

便名	機種	出発	到着	便名	機種	出発	到着
2851	EMJ	14:00	15:45	2852	EMJ	11:25	13:00

札幌（新千歳）→（東京 TOKYO）→ 小松 KOMATSU →（東京 TOKYO）→ 札幌（新千歳）

便名	機種	出発	到着	便名	機種	出発	到着
506	772 F J	11:00	1245 羽田着	190	738 J	17:50	1900 羽田着
↓187	738 J	羽田発 1315	14:20	↓529	772 F J	羽田発 1940	21:15

札幌（新千歳）→（東京 TOKYO）→ 岡山 OKAYAMA →（東京 TOKYO）→ 札幌（新千歳）

便名	機種	出発	到着	便名	機種	出発	到着
502	772 F J	09:00	1040 羽田着	242	738 J	19:00	2010 羽田着
↓233	736 J	羽田発 1105	12:25	↓531	772 F J	羽田発 2040	22:15

札幌（新千歳）→ 749マイル → 広島 HIROSHIMA → 749マイル → 札幌（新千歳）

便名	機種	出発	到着	便名	機種	出発	到着
502	772 F J	09:00	1040 羽田着	3403	738 J	10:50	12:45
↓259	767 J	羽田発 1130	13:00	264	738 J	17:55	1915 羽田着
3406	738 J	15:00	17:15	↓529	772 F J	羽田発 1940	21:15

札幌（新千歳）→（東京 TOKYO）→ 出雲 IZUMO →（東京 TOKYO）→ 札幌（新千歳）

便名	機種	出発	到着	便名	機種	出発	到着
500	772 F J	08:00	0940 羽田着	280	738 J	12:25	1340 羽田着
↓279	736 J	羽田発 1015	11:45	↓519	772 F J	羽田発 1430	16:05

FDA（フジドリームエアラインズ）とのコードシェア便でFDAの機材および乗務員にて運航いたします。ご搭乗手続きはFDAチェックインカウンターにて出発時刻の60分前から承ります。

JAL・JTA便は同数字の便名がございますのでご注意ください。

…力をお願いいたします

…保安検査場の…切時刻は出発時刻の…0分前*です。…26日までは「15分前」

搭乗口へは出発時刻の10分前までにお越しください。

…飛行機が動き出す時刻です。…乗りいただけない場合がございます。

乗継便ご利用にあたって

●運賃・マイルは各区間の合算となります。●時刻表に掲載されている乗継便以外にも他の組み合わせがある場合があります。●直行便の存在しない路線につきましては、区間表示を〉（乗継地）〉にしております。●お乗り継ぎに必要な時間につきましては84ページをご覧ください。●お座席および受託手荷物につきましては、出発空港において最終目的地までのご搭乗手続きを承ります。

□=プロペラ機での運航　F=ファーストクラス設定便　J=クラスJ設定便

※時刻表の内容は実際とは必ずしも一致しません

ANA時刻表

ANAの国内線の時刻表。スタイルは就航都市（空港）名から始まる「国際標準型」で、デザインや内容はJALとまったく同じといってよい。利用者にとって見やすく情報も多く掲載されているこのデザインは各社とも当分続けることであろう。

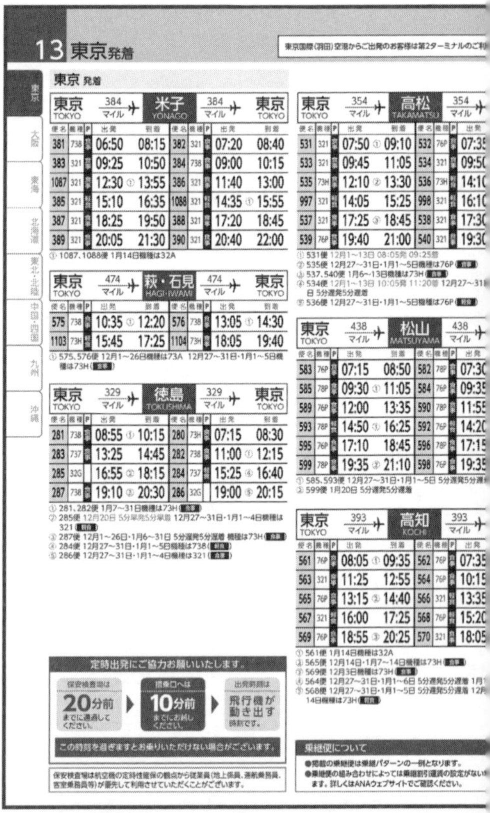

13 東京発着

東京国際(羽田)空港からご出発のお客様は第2ターミナルのご利

東京 大阪 東海 北海道 東北・北陸 中国・四国 九州 沖縄

東京 発着

東京 TOKYO 384マイル 米子 YONAGO 384マイル 東京 TOKYO

便名	機種	出発	到着	便名	機種	出発	到着
381	738	06:50	08:15	382	321	07:20	08:40
383	321	09:25	10:50	384	738	09:00	10:15
1087	321	12:30 ①	13:55	386	321	11:40	13:00
385	321	15:10	16:35	1088	321	14:35 ①	15:55
387	321	18:25	19:50	388	321	17:20	18:45
389	321	20:05	21:30	390	321	20:40	22:00

① 1087、1088便 1月14日機種は32A

東京 TOKYO 474マイル 萩・石見 HAGI·IWAMI 474マイル 東京 TOKYO

便名	機種	出発	到着	便名	機種	出発	到着
575	738	10:35 ①	12:20	576	738	13:05 ①	14:30
1103	73H	15:45	17:25	1104	73H	18:05	19:40

① 575、576便 12月1～26日機種は73A 12月27～31日・1月1～5日機種は73H

東京 TOKYO 329マイル 徳島 TOKUSHIMA 329マイル 東京 TOKYO

便名	機種	出発	到着	便名	機種	出発	到着
281	738	08:55 ①	10:15	280	73H	07:15	08:30
283	737	13:25	14:45	282	738	11:00 ①	12:15
285	32G	16:55 ②	18:15	284	737	15:25 ④	16:40
287	738	19:10 ③	20:30	286	32G	19:00 ⑤	20:15

① 281、282便 1月7～31日機種は73H
② 285便 12月20日 5分早発5分早着 12月27～31日・1月1～4日機種は321
③ 287便 12月1～26日・1月6～31日 5分遅発5分遅着 機種は73H
④ 284便 12月27～31日・1月1～5日機種は738
⑤ 286便 12月27～31日・1月1～4日機種は321

東京 TOKYO 354マイル 高松 TAKAMATSU 354マイル

便名	機種	出発	到着	便名	機種	出発
531	321	07:50 ①	09:10	532	76P	07:35
533	321	09:45	11:05	534	321	09:5
535	73H	12:10 ②	13:30	536	73H	14:1
997	321	14:05	15:25	998	321	16:1
537	321	17:25 ③	18:45	538	321	17:3
539	76P	19:40	21:00	540	321	19:3

① 531便 12月1～13日 08:05発 09:25着
② 535便 12月27～31日・1月1～5日機種は76P
③ 537、540便 1月6～13日機種は73H
④ 534便 12月1～13日 10:05発 11:20着 12月27～31日 5分遅発5分遅着
⑤ 536便 12月27～31日・1月1～5日機種は76P

東京 TOKYO 438マイル 松山 MATSUYAMA 438マイル

便名	機種	出発	到着	便名	機種	出発
583	76P	07:15	08:50	582	78P	07:3
585	78P	09:30 ①	11:05	584	76P	09:35
589	76P	12:00	13:35	590	78P	11:55
593	78P	14:50 ①	16:25	592	76P	14:2
595	76P	17:10	18:45	596	78P	17:15
599	78P	19:35 ②	21:10	598	76P	19:35

① 585、593便 12月27～31日・1月1～5日 5分遅発5分遅
② 599便 1月20日 5分遅発5分遅着

東京 TOKYO 393マイル 高知 KOCHI 393マイル

便名	機種	出発	到着	便名	機種	出発
561	76P	08:05 ①	09:35	562	76P	07:35
563	321	11:25	12:55	564	76P	10:15
565	76P	13:15 ②	14:40	566	321	13:35
567	321	16:00	17:25	568	76P	15:2
569	76P	18:55 ③	20:25	570	321	18:05

① 561便 1月14日機種は32A
② 565便 12月14日・1月7～14日機種は73H
③ 569便 12月3日機種は73H
④ 564便 12月27～31日・1月1～6日 5分遅発5分遅着 1月
⑤ 568便 12月27～31日・1月1～5日 5分遅発5分遅着 12月
14日機種は73H

定時出発にご協力お願いいたします。

保安検査場は 20分前 までに通過してください。 ▶ 搭乗口へは 10分前 までにお越しください。 ▶ 出発時刻は 飛行機が動き出す時刻です。

この時刻を過ぎますとお乗りいただけない場合がございます。

保安検査場は航空機の定時性確保の観点から従業員(地上係員、運航乗務員、客室乗務員等)が優先して利用させていただくことがございます。

乗継便について

●掲載の乗継便は乗継パターンの一例となります。
●乗継便の組み合わせによっては乗継割引運賃の設定がない
ます。詳しくはANAウェブサイトでご確認ください。

ANA GROUP FLIGHT SCHEDULE

航空機とカレンダーを表紙に使うANAの時刻表。形や大きさはJALと同様、ポケットサイズとはいえず、ビジネスマンなど男性に向けてひと工夫あってもよいのではと思う。

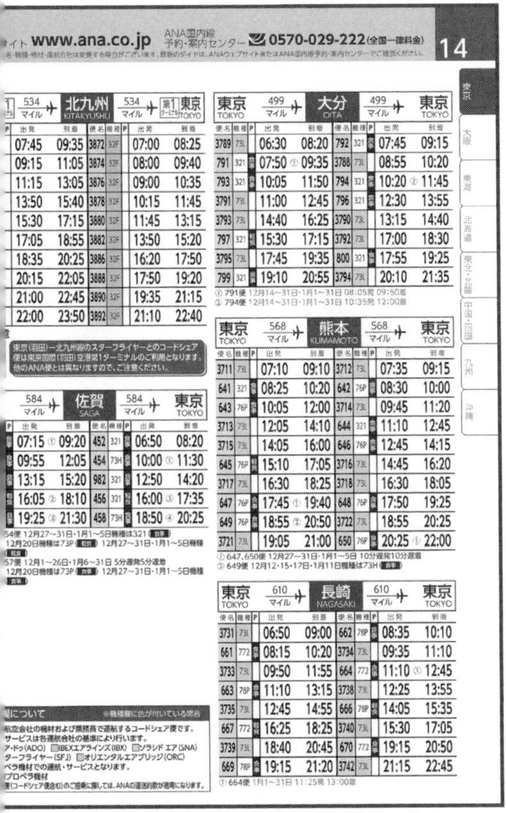

イト www.ana.co.jp　ANA国内線 予約・案内センター 0570-029-222（全国一律料金）　14

…ANAウェブサイトまたはANA国内線予約・案内センターでご確認ください。

534マイル　北九州 KITAKYUSHU　534マイル　第1ターミナル 東京 TOKYO

P	出発	到着	便名	機種	P	出発	到着
	07:45	09:35	3872	32F		07:00	08:25
	09:15	11:05	3874	32F		08:00	09:40
	11:15	13:05	3876	32F		09:00	10:35
	13:50	15:40	3878	32F		10:15	11:45
	15:30	17:15	3880	32F		11:45	13:15
	17:05	18:55	3882	32F		13:50	15:20
	18:35	20:25	3886	32F		16:20	17:50
	20:15	22:05	3888	32F		17:50	19:20
	21:00	22:45	3890	32F		19:35	21:15
	22:00	23:50	3892	32F		21:10	22:40

東京（羽田）―北九州線のスターフライヤーとのコードシェア便は東京国際（羽田）空港第1ターミナルのご利用となります。他のANA便とは異なりますので、ご注意ください。

東京 TOKYO　499マイル　大分 OITA　499マイル　東京 TOKYO

便名	機種	P	出発	到着	便名	機種	P	出発	到着
3789	73L		06:30	08:20	792	321		07:45	09:15
791	321		07:50 ①	09:35	3788	73L		08:55	10:20
793	321		10:05	11:50	794	321		10:20 ②	11:45
3791	73L		11:00	12:45	796	321		12:30	13:55
3793	73L		14:40	16:25	3790	73L		13:15	14:40
797	321		15:30	17:15	3792	73L		17:00	18:30
3795	73L		17:45	19:35	800	321		17:55	19:25
799	321		19:10	20:55	3794	73L		20:10	21:35

① 791便 12月14～31日・1月1～31日 08:05発 09:50着
② 794便 12月14～31日・1月1～31日 10:35発 12:00着

584マイル　佐賀 SAGA　584マイル　東京 TOKYO

P	出発	到着	便名	機種	P	出発	到着
	07:15 ①	09:20	452	321		06:50	08:20
	09:55	12:05	454	73H		10:00 ①	11:30
	13:15	15:20	982	321		12:50	14:20
	16:05 ②	18:10	456	321		16:00 ③	17:35
	19:25 ③	21:30	458	73H		18:50 ④	20:25

54便 12月27～31日・1月1～5日機種は321（　）
12月20日機種は73P（　）12月27～31日・1月1～5日機種（　）
57便 12月1～26日・1月6～31日 5分遅発5分遅着
12月20日機種は73P（　）12月27～31日・1月1～5日機種（　）

東京 TOKYO　568マイル　熊本 KUMAMOTO　568マイル　東京 TOKYO

便名	機種	P	出発	到着	便名	機種	P	出発	到着
3711	73L		07:10	09:10	3712	73L		07:35	09:15
641	321		08:25	10:20	642	76P		08:30	10:00
643	76P		10:05	12:00	3714	73L		09:45	11:20
3713	73L		12:05	14:10	644	321		11:10	12:45
3715	73L		14:05	16:00	646	76P		12:45	14:15
645	76P		15:10	17:05	3716	73L		14:45	16:20
3717	73L		16:30	18:25	3718	73L		16:30	18:05
647	76P		17:45 ①	19:40	648	76P		17:50	19:25
649	76P		18:55 ②	20:50	3722	73L		18:55	20:25
3721	73L		19:05	21:00	650	76P		20:25 ①	22:00

① 647、650便 12月27～31日・1月1～5日 10分遅発10分遅着
② 649便 12月12・15・17日・1月11日機種は73H（　）

東京 TOKYO　610マイル　長崎 NAGASAKI　610マイル　東京 TOKYO

便名	機種	P	出発	到着	便名	機種	P	出発	到着
3731	73L		06:50	09:00	662	78P		08:35	10:10
661	772		08:15	10:20	3734	73L		09:35	11:10
3733	73L		09:50	11:55	664	772		11:10 ①	12:45
663	78P		11:10	13:15	3738	73L		12:25	13:55
3735	73L		12:45	14:55	666	78P		14:05	15:35
667	772		16:25	18:25	3740	73L		15:30	17:05
3739	73L		18:40	20:45	670	772		19:15	20:50
669	78P		19:15	21:20	3742	73L		21:15	22:45

① 664便 1月1～31日 11:25発 13:00着

…について　※機種欄に色が付いている場合

…航空会社の機材および乗務員で運航するコードシェア便です。
…サービスは各運航会社の基準により行います。
…ア・ドゥ（ADO）　IBEXエアラインズ（IBX）　ソラシド エア（SNA）
…ターフライヤー（SFJ）　オリエンタルエアブリッジ（ORC）
…ペラ機材での運航・サービスとなります。
…プロペラ機材
…便（コードシェア便含む）のご搭乗に際しては、ANAの運送約款が適用になります。

※時刻表の内容は実際とは必ずしも一致しません

キャセイパシフィック航空時刻表

日本で利用者が簡単に入手できる外国の航空会社の時刻表は日本路線だけに限定している簡略版がほとんどである。しかし、香港をベースとするキャセイパシフィック航空は世界全路線のダイヤが記載されている。羽田など日本の空港のカウンターでも手に入れることができるが、この一冊で当該航空会社のすべての便がわかるので非常に便利である。

CATHAY PACIFIC FLIGHT SCHEDULE

日本 ▶ 香港

出発地	便名・曜日	クラス	出発時刻	到着時刻	経由都市	出発時刻	到着時刻	到着地
東京 Tokyo +9 羽田	KA397/CX5397 毎日	CY	01:45				05:25	香港
	CX543 毎日	FCY/CY	10:35				14:10	
	CX549 毎日	FCY	16:35				20:05	
東京 Tokyo +9 成田	CX509 毎日	CY	09:25				13:15	
	CX501 毎日	CY	10:45				14:40	
	CX451 毎日	CY	15:35	18:25	台北 Taipei +8	19:30	21:25	
	CX521 毎日	FCY/CY	16:55				20:40	
	CX505 毎日	CY	18:35				22:25	
大阪 Osaka +9	CX567 毎日	CY	09:20				12:20	
	CX503 毎日	CY	10:00				13:00	
	CX565 毎日	CY	10:40	12:45	台北 Taipei +8	13:45	15:45	
	CX599 木日	CY	14:55				17:55	
	CX507 毎日	CY	18:00				20:55	
	CX595 月火水金土	CY	18:35				21:35	
	⑤ CX569 毎日	FCY/CY	18:55				21:55	
名古屋 Nagoya +9	CX533 毎日	CY	10:10				13:20	
	CX539 毎日	CY	16:10				19:20	
	CX531 毎日	CY	16:50	19:00	台北 Taipei +8	20:00	21:55	
福岡 Fukuoka +9	CX511 毎日	CY	10:20	12:00	台北 Taipei +8	13:00	15:05	
	KA381/CX5381 毎日	CY	16:40				19:10	
札幌 Sapporo +9	⑥ CX581 毎日	CY	16:35				20:40	
	⑦ CX583 月木土	CY	17:40				21:35	
広島 Hiroshima +9	KA353/CX5353 木日	CY	18:25				21:00	
那覇 Naha +9	KA379/CX5379 毎日	Y	16:45				18:20	

①火(7/5～8/30除く)10分早発　②火 7/5～8/30運航 ③7/5～8/30運休 ④日 台北15分早着

日本→香港
・香港ドラゴン航空KA397、KA381、KA353、KA379はキャセイパシフィック航空とのコードシェア便です。
・キャセイパシフィック航空の日本／香港線のフライトは全て日本航空とのコードシェア便です。

2

香港 ▶ 日本

出発地	便名・曜日	クラス	出発時刻	到着時刻	経由都市	出発時刻	到着時刻	到着地
Hong Kong +8	CX548 毎日	FCY	08:45				13:55	東京 Tokyo +9 羽田
	CX542 毎日	FCY/CY	16:25				21:35	
	KA396/CX5396 毎日	CY	17:35				22:55	
	CX524 毎日	CY	01:00				06:25	東京 Tokyo +9 成田
	① CX504 毎日	CY	09:05				14:25	
	CX450 毎日	CY	10:00	11:50	台北 Taipei +8	12:55	17:25	
	CX520 毎日	FCY/CY	10:30				15:55	
	CX500 毎日	CY	15:10				20:30	
	CX566 毎日	CY	01:45				06:30	大阪 Osaka +9
	② CX594 毎日	CY	08:00				12:50	
	③ CX594 火	CY	10:00				14:50	
	CX506 毎日	CY	10:20				15:05	
	CX568 毎日	FCY/CY	11:30				16:20	
	④ CX564 毎日	CY	13:10	15:10	台北 Taipei +8	16:10	20:10	
	CX502 毎日	CY	16:25				21:10	
	CX530 毎日	CY	08:50	10:45	台北 Taipei +8	11:45	15:40	名古屋 Nagoya +9
	CX536 毎日	CY	10:10				15:00	
	CX532 毎日	CY	16:15				21:10	
	KA380/CX5380 毎日	CY	11:15				15:40	福岡 Fukuoka +9
	CX510 毎日	CY	14:50	16:45	台北 Taipei +8	17:45	21:20	
	⑦ CX582 月木土	CY	07:55				13:55	札幌 Sapporo +9
	⑥ CX580 毎日	CY	09:25				15:25	
	KA354/CX5354 日	CY	12:10				16:40	広島 Hiroshima +9
	KA354/CX5354 木	CY	13:00				17:30	
	KA378/CX5378 毎日	Y	12:10				15:45	那覇 Naha +9

⑤金 5/6から5分早着　⑥月金 7/1～8/29運航 ⑦7/2～8/29運航
ウェブサイトまたはグローバルコンタクトセンターにてご確認ください。

香港→日本
・香港ドラゴン航空KA396、KA380、KA354、KA378はキャセイパシフィック航空とのコードシェア便です。
・キャセイパシフィック航空の香港／日本線のフライトは全て日本航空とのコードシェア便です。

3

キャセイパシフィック航空の時刻表内の日本路線に関するページ。アジアの航空会社ではこのようなページだけをペラペラの時刻表として空港のカウンターなどに置いているのが一般的で、全路線となると本国に行かないと手に入らないことが多い。

※時刻表の内容は実際とは必ずしも一致しません

ルフトハンザドイツ航空時刻表

ヨーロッパを代表するルフトハンザドイツ航空の時刻表は乗り入れている世界各国の都市と国内の主要都市への接続便まで詳しく掲載されていて充実度 No.1 である。自社便のみならず同じ区間を就航している他社便まで紹介しているのもすごい。

Frq	Dep	Arr	Flight	Aircraft
Charlotte				-04:00 CLT
→ **Munich** MUC				+01:00
X	19:55	09:20+	LH429	359
Chennai/Madras				+05:30 MAA
→ **Frankfurt** FRA				+01:00
X	01:50	07:55	LH759(CL)	A340
Chicago				-06:00 ORD
→ **Amsterdam** AMS				+02:00
X	17:55	09:20+	LH9155(UA)	B763
→ **Brussels** BRU				+02:00
X	17:55	09:00+	LH7949(UA)	787
→ **Frankfurt** FRA				+01:00
X	15:25	05:45+	LH9153(UA)	B777
X	17:10	07:30+	LH431	B74H
X	17:55	09:35+	LH9151(UA)	B763
X	18:50	09:35+	LH9151(UA)	B763
X	23:00	13:40+	LH433	A340
→ **London** LON				+00:00
LHR Heathrow H				
LCY London City Y				
X	16:55	05:55H+	LH9357(UA)	B763
X	16:55	05:55H+	OS7850(UA)	B763
X	18:55	07:55H+	LH9349(UA)	B763
X	18:55	07:55H+	OS7852(UA)	B763
X	21:05	11:05H+	OS7854(UA)	B763
X	21:05	11:05H+	LH9355(UA)	B763
X	22:05	11:05H+	OS7854(UA)	B763
X	22:05	11:05H+	LH9355(UA)	B763
→ **Munich** MUC				+01:00
X	18:50	09:35+	LH9269(UA)	B763
X	22:25	12:55+	LH435	359
→ **Paris (Charles de Gaulle)** CDG				+02:00
X	18:05	09:30+	LH9335(UA)	B763
X	18:55	09:10+	LH9335(UA)	B763
→ **Vienna** VIE				+01:00
X	17:20	08:20+	OS066	76W
→ **Zurich** ZRH				+01:00
X	19:20	11:00+	LX009	A330
X	20:20	11:00+	LX009	A330
Chisinau				+02:00 KIV
→ **Frankfurt** FRA				+01:00
X2	13:50	15:30	LH1475(CL)	E190
→ **Vienna** VIE				+01:00
X	16:00	16:45	OS656	E195
Christchurch				+13:00 CHC
→ **Singapore** SIN				+08:00
X	12:00	17:40	LH9787(SQ)	359
Cluj				+02:00 CLJ
→ **Frankfurt** FRA				+01:00
X6	18:30	19:40	LH1473(CL)	E190
→ **Munich** MUC				+01:00
X	06:05	06:50	LH1673(EN)	E195
X	14:20	15:05	LH1669(EN)	E195
Cologne-Bonn				+01:00 CGN
→ **Barcelona** BCN				+01:00
1	06:50	09:05	EW520	B738
2457	17:00	19:10	EW526	A319
→ **Bari** BRI				+01:00
2	11:15	13:25	EW876	A320

11

分厚いブックスタイルの時刻表は昔から変わることがない。

Lufthansa Flugplan Timetable

ルフトハンザドイツ航空の時刻表は出発地から目的地をたどる方法と目的地から逆に出発地をたどる２通りの方法が記載されている。今でこそ当然のようになったが、都市名から検索するスタイルは同航空会社では早くから採用していた。

Aircraft
A320
+01:00
A320
A320
A319
A319
A320
A319
A319
A320
A319
A320
A319
A320
A320
32A
A319
+01:00
A320
A320
+01:00
A320
+01:00
A320
+01:00
A319
A319
A319
+00:00
B738
A320
+00:00
A320
A320
+00:00
32A
+00:00
A320
+01:00
A319
A319
A319
A319
A319
A319
A319
A319
+02:00
B738
+01:00
B738
+01:00
A319
A319
A319
A319
A319
A319
+00:00
B738
B738
+02:00
B738
A320

Frq	Dep	Arr	Flight	Aircraft
→ **Las Palmas** LPA				+00:00
27	07:20	11:00	EW268	B738
6	15:20	19:00	EW270	B738
→ **Leipzig-Halle** LEJ				+01:00
124	06:30	07:35	EW072(4U)	A320
X67	16:00	17:00	EW078	A319
7	19:40	20:40	EW078	A319
→ **Lisbon** LIS				+00:00
1357	12:15	14:20	EW602	B738
→ **London** LON				+00:00
LHR Heathrow H				
LCY London City Y				
X7	08:20	09:05H	EW460	A319
X6	14:25	15:10H	EW464	A320
X6	18:20	19:05H	EW468(4U)	A319
→ **Milan** MIL				+01:00
MXP Malpensa M				
LIN Linate L				
X7	06:40	08:15M	EW824	A319
1457	18:20	19:50M	EW826	32A
23	19:05	20:35M	EW826	32A
→ **Munich** MUC				+01:00
X	06:20	07:25	LH1999	A321
X67	06:55	08:10	EW080	32A
1	07:45	09:00	EW088	A320
X67	08:20	09:25	LH1981	32A
1234	08:20	09:35	EW1785(E2)	A319
X	09:10	10:15	LH1983	A320
12	09:50	10:55	LH2207(CL)	CRJ9
X7	10:15	11:20	LH1985	A320
6	10:45	11:55	EW082(4U)	A320
X	13:25	14:30	LH1987	A319
X2	14:38	15:40	LH2199	A319
X6	15:05	16:15	EW084(4U)	A320
X67	16:50	17:55	LH1989	A320
1234	17:15	18:25	EW090(4U)	A320
X	17:55	19:00	LH1991	A320
X6	18:50	20:00	EW086	A319
X6	20:00	21:05	LH2205	A320
5	20:30	21:40	EW1785(E2)	A320
X15	20:30	21:35	LH1993(CL)	CRJ9
X6	21:20	22:25	LH1995	A321
→ **Nador** NDR				+01:00
6	17:35	20:50	EW384(4U)	A319
→ **Naples** NAP				+01:00
3	06:55	09:05	EW862(4U)	A319
5	07:50	10:00	EW862(4U)	A320
7	08:30	10:40	EW862(4U)	A319
→ **Nice** NCE				+01:00
7	07:00	08:50	EW424	A320
5	09:55	11:40	EW424	A320
→ **Palma (Mallorca)** PMI				+01:00
X	09:55	12:15	EW582(4U)	A320
57	11:30	13:50	EW584(4U)	A320
467	12:05	14:25	EW580	B738
1	15:55	18:15	EW584(4U)	A320
6	17:45	20:05	EW584(4U)	A320
→ **Prague** PRG				+01:00
17	16:00	17:15	EW772(4U)	A319
5	18:00	19:15	EW772(4U)	A319
→ **Rome** FCO				+01:00
135	12:50	15:00	EW886(4U)	A320
7	17:45	19:55	EW886(4U)	A319
→ **Salzburg** SZG				+01:00
14	11:20	12:35	EW276(4U)	A320
14	11:20	12:35	OS8840(4U)	A320
46	14:30	15:45	EW276(4U)	A320
46	14:30	15:45	OS8840(4U)	A320
2357	20:25	21:40	EW4353(E2)	A319

17 Feb 20 - 28 Mar 20

Frq	Dep	Arr	Flight	Aircraft
→ **Salzburg**				
2357	20:25	21:40	OS8888(E2)	A319
→ **Sarajevo** SJJ				+01:00
246	13:30	15:25	EW492	A319
→ **Split** SPU				+01:00
25	06:40	08:30	EW968(4U)	A320
7	06:45	08:40	EW962	A319
→ **Tenerife** TFS				+00:00
67	07:00	10:55	EW252	32A
→ **Thessaloniki** SKG				+02:00
36	11:05	14:40	EW652(4U)	A320
→ **Tunis** TUN				+01:00
6	18:55	21:30	EW382	A319
→ **Venice** VCE				+01:00
3	10:25	11:55	EW814(4U)	A320
5	11:05	12:35	EW814(4U)	A320
7	14:10	15:40	EW814(4U)	A320
1	18:45	20:15	EW814(4U)	A320
→ **Vienna** VIE				+01:00
X7	06:45	08:20	OS8918(4U)	A320
X7	06:45	08:20	EW756(4U)	A320
7	08:45	10:20	OS8918(4U)	A319
7	08:45	10:20	EW756(4U)	A319
6	09:20	10:50	OS8860(E2)	A319
6	09:20	10:50	EW5963(E2)	A319
X67	10:15	11:45	OS192	A320
X6	13:25	14:55	OS8914(4U)	A319
X6	13:25	14:55	EW752(4U)	A319
X	18:15	19:45	OS8916	B738
X	18:15	19:45	EW754	B738
X6	19:55	21:25	OS196	A320
→ **Zadar** ZAD				+01:00
257	06:40	08:20	EW974	A319
→ **Zagreb** ZAG				+01:00
13	11:30	13:05	EW972(4U)	A320
5	19:00	20:40	EW972(4U)	A320
7	19:30	21:10	EW972(4U)	A320
→ **Zurich** ZRH				+01:00
X7	07:00	08:00	LX4427(4U)	A319
X7	07:00	08:00	EW764	A319
X	11:05	12:05	LX4429(EW)	A320
X	11:05	12:05	EW766	A320
X6	15:25	16:25	LX4431(EW)	32A
X6	15:25	16:25	EW768	32A
X6	19:00	20:10	EW762	A320
X6	19:00	20:10	LX4425(EW)	A320
Cologne Railway Station				+01:00 QKL
→ **Frankfurt** FRA				+01:00
X	05:48	06:50	LH3601(2A)	TRN
X	06:55	07:49	LH3603(2A)	TRS
X	07:55	08:49	LH3605(2A)	TRS
X7	08:27	09:16	LH3531(2A)	TRS
X	08:55	09:49	LH3607(2A)	TRS
X	09:55	10:50	LH3609(2A)	TRN
X	10:18	11:16	LH3533(2A)	TRS
X	11:55	12:50	LH3611(2A)	TRN
X	12:18	13:16	LH3535(2A)	TRS
X	13:55	14:50	LH3617(2A)	TRN
X	14:20	15:16	LH3537(2A)	TRS
X	14:55	15:49	LH3619(2A)	TRS
X	16:20	17:09	LH3539(2A)	TRS
X	17:55	18:50	LH3625(2A)	TRN
X6	18:20	19:16	LH3541(2A)	TRS
X	18:55	19:49	LH3627(2A)	TRS

Frq	Dep	Arr	Flight	Aircraft
Colombo				+05:30 CMB
→ **Zurich** ZRH				+01:00
5	10:05	16:40	LX8065(WK)	A340
7	12:50	19:15	LX8065(WK)	A340
Copenhagen				+01:00 CPH
→ **Aalborg** AAL				+01:00
X	11:50	12:45	OS7555(EE)	AT72
1357	14:35	15:20	OS7589(WX)	CRJ9
7	17:40	18:35	OS7583(EE)	AT72
34	19:20	20:05	OS7583(WX)	CRJ9
X	20:50	21:35	OS7585(SK)	A321
1237	23:00	23:50	OS7587(SK)	32N
→ **Aarhus** AAR				+01:00
X67	09:50	10:30	OS7529(EE)	AT72
6	11:15	11:55	OS7529(EE)	AT72
1357	14:45	15:25	OS7563(EE)	AT72
3456	19:35	20:10	OS7579(WX)	CRJ9
X46	20:55	21:35	OS7601(EE)	AT72
X56	22:55	23:35	OS7571(EE)	AT72
→ **Bergen** BGO				+01:00
X6	11:15	12:40	OS7621(WX)	CRJ9
X4	14:05	15:30	OS7635(WX)	CRJ9
X	21:00	22:25	OS7619(SK)	32N
7	23:00	00:25+	OS7623(SK)	B737
→ **Billund** BLL				+01:00
X67	11:30	12:20	OS7573(EE)	AT72
7	14:10	15:00	OS7567(EE)	AT72
1234	17:35	18:25	OS7565(EE)	AT72
5	18:15	19:05	OS7565(EE)	AT72
7	19:30	20:20	OS7565(EE)	AT72
1467	20:50	21:45	OS7575(EE)	AT72
→ **Dusseldorf** DUS				+01:00
X7	09:00	10:40	EW9191(HE)	DH8D
7	14:15	15:50	EW9191(HE)	DH8D
X67	15:40	17:15	EW9193(HE)	DH8D
X6	20:15	21:50	EW9195(HE)	DH8D
→ **Frankfurt** FRA				+01:00
X	06:40	08:10	LH833	32A
X7	07:05	08:45	LH6219(SK)	32N
X	10:00	11:30	LH825	32N
X	13:05	14:35	LH827	32A
X6	13:40	15:15	LH6265(SK)	32N
X	14:30	16:00	LH829	32A
X	18:10	19:45	LH6225	32N
X	19:15	20:45	LH831	32A
→ **Gothenburg** GOT				+01:00
247	11:35	12:25	OS7581(WX)	CRJ9
135	11:35	12:25	OS7507(WX)	CRJ9
X4	14:05	15:00	OS7577(WX)	CRJ9
5	17:35	18:30	OS7569(EE)	AT72
4	19:55	20:50	OS7503(EE)	AT72
X4	20:55	21:45	OS7503(SK)	32N
X56	22:55	23:45	OS7505(WX)	CRJ9
→ **Munich** MUC				+01:00
X	06:00	07:40	LH2447(CL)	A319
X67	07:10	08:50	LH6259(WX)	CRJ9
X	08:55	10:35	LH2441(CL)	CRJ9
X	13:15	14:55	LH2443(CL)	A319
X	15:00	16:35	LH6257(SK)	A321
X	18:15	19:55	LH2445(CL)	E195
X26	19:45	21:25	LH6263(SK)	32N
X67	21:35	23:15	LH2439(CL)	CRJ9
→ **Stavanger** SVG				+01:00
X67	12:00	13:15	OS7627(WX)	CRJ9
X	14:15	15:30	OS7633(SK)	A320
X	20:55	22:10	OS7625(SK)	32N

Frq	Dep	Arr	Flight	Aircraft
→ **Toronto** YYZ				-04:00
X16	11:15	14:55	LH6822(AC)	A330
X16	12:15	14:55	LH6822(AC)	A330
→ **Trondheim** TRD				+01:00
X	12:45	14:25	OS7657(WX)	CRJ9
157	18:20	20:00	OS7515(WX)	CRJ9
X67	20:55	22:35	OS7655(WX)	CRJ9
7	23:00	00:40+	OS7655(WX)	CRJ9
→ **Vienna** VIE				+01:00
X	07:15	09:00	OS308	A320
X	10:10	11:55	OS302(E2)	A320
1357	13:55	15:40	OS310	A320
X	17:40	19:25	OS304	A320
1457	20:00	21:45	OS306(E2)	A320
→ **Zurich** ZRH				+01:00
X7	07:55	09:40	LX4701(SK)	32N
X	09:40	11:35	LX1267	A320
57	11:55	13:40	LX4713(SK)	A321
6	14:40	16:25	LX4713(SK)	A321
X	14:55	16:45	LX1271	A320
X6	18:05	19:45	LX4705(SK)	32N
X6	19:55	21:45	LX1273	A320
Dallas-Ft.Worth				-06:00 DFW
→ **Frankfurt** FRA				+01:00
X	17:00	08:45+	LH439	A330
Dammam				+03:00 DMM
DMM Dammam D				
DMS Dammam Bus Station B				
→ **Frankfurt** FRA				+01:00
X	D00:25	06:40	LH625	A330
Dar es Salaam				+03:00 DAR
→ **Zurich** ZRH				+01:00
2	23:20	06:15+	LX292	A330
357	23:20	06:15+	LX294	A330
16	23:20	06:15+	LX296	A330
Darwin				+09:30 DRW
→ **Singapore** SIN				+08:00
25	02:50	06:10	LH7203(MI)	B738
X14	15:45	19:00	LH7201(MI)	B738
Debrecen				+01:00 DEB
→ **Munich** MUC				+01:00
X26	13:25	14:55	LH1687(CL)	CRJ9
Delhi				+05:30 DEL
→ **Frankfurt** FRA				+01:00
X	03:35	07:45	LH761	B744
X	13:35	18:00	LH7253(AI)	788
→ **Munich** MUC				+01:00
X	01:50	05:45	LH763	359
→ **Vienna** VIE				+01:00
1357	14:55	18:45	OS8582(AI)	788
→ **Zurich** ZRH				+01:00
X	02:05	06:25	LX147	A330
Denpasar (Bali)				+08:00 DPS
→ **Singapore** SIN				+08:00
X	13:00	15:40	LH9768(SQ)	787
X	20:15	22:55	LH9793(SQ)	787

17 Feb 20 - 28 Mar 20　12

※時刻表の内容は実際とは必ずしも一致しません

チャイナエアライン時刻表

チャイナエアライン（中華航空）の時刻表は日本に乗り入れている海外の航空会社の多くが発行しているのと同様の内容となっている。日本の空港で入手できるのは台湾と日本の各空港とを結ぶ路線のダイヤだけに限定して作られたもので簡便さの点ではサイズやページも少なく、ポケットにも入るサイズである。しかし、台湾での接続便や同航空会社の他の路線を知りたい利用者にとっては不便さが残る。

そこで、同社のHPからは幅広く路線を掲載したPDF版のものがダウンロードできるので、こちらを使用するのもよいだろう。

表紙を見るだけでその国を連想させるチャイナエアラインらしい時刻表。

CHINA AIRLINES TIME TABLE

台北 > 中國大陸
TAIPEI > MAINLAND CHINA

班號 Flt. No.	飛行日 Day of Operation	啟程-到達 Dep-Arr	機型 A/C	飛行時間 Flight Time 適用期間 Period of Service
桃園 TAIPEI TAOYUAN → 上海浦東 SHANGHAI PUDONG				1h50m ~ 2h
CI 501	1234567	08:50-10:50	77W	-
CI 503	1234567	16:45-18:35	77W/744	-
CI 505	····5··	17:35-19:35	333	-
CI 8001 (MU5008)	1234567	15:00-17:00	333/773	-
CI 8003 (MU5006)	1·34567	18:40-20:25	321	-
CI 8501 (CZ3096)	1234567	17:50-19:45	321	-
桃園 TAIPEI TAOYUAN → 北京首都 BEIJING CAPITAL				3h15m ~ 3h30m
CI 511	1·3·5··	07:55-11:10	77W/744	-
CI 517	·2·4···	15:35-18:55	744	-
CI 517	·····67	15:35-19:05	744	-
桃園 TAIPEI TAOYUAN → 廣州 GUANGZHOU				2h10m
CI 521	12·456·	14:05-16:15	744	-
CI 8521 (CZ3098)	123···7	14:35-16:55	330	-
CI 8521 (CZ3098)	···456·	14:35-17:00	330	-
桃園 TAIPEI TAOYUAN → 深圳 SHENZHEN				2h05m
CI 527	1·345·7	15:20-17:25	744/77W	-
CI 8527 (CZ3088)	1·34567	13:40-15:35	330	-
桃園 TAIPEI TAOYUAN → 無錫 WUXI				2h10m
CI 509	····5·7	16:05-18:15	333/738	-
CI 509	·2·4···	16:50-19:00	738/333	-
CI 8609 (IT129)	1·3··6·	16:50-19:00	738/333	-
CI 8013 (MU2932)	1·3·5·7	17:55-20:20	320	-
桃園 TAIPEI TAOYUAN → 海口 HAIKOU				2h35m
CI 523	1·3·5··	15:20-17:55	738	-
桃園 TAIPEI TAOYUAN → 三亞 SANYA				2h45m
CI 525	···4··7	06:55-09:40	738	-
桃園 TAIPEI TAOYUAN → 青島 QINGDAO				2h30m
CI 531	··3··6·	08:45-11:15	333/738	-
CI 8009 (MU2042)	····5··	14:05-16:45	320	-
桃園 TAIPEI TAOYUAN → 大連 DALIAN				2h40m
CI 8503 (CZ3014)	··3···7	20:25-23:05	321	-
桃園 TAIPEI TAOYUAN → 武漢 WUHAN				2h55m
CI 541	1··4···	14:55-17:50	333/738	-
CI 8011 (MU2088)	1······	18:40-20:55	73H	-
CI 8011(MU2088)	···4···	18:40-21:15	73H	-
CI 8541 (CZ3016)	····5··	17:55-20:55	738	-

12

中國大陸 > 台北
MAINLAND CHINA > TAIPEI

班號 Flt. No.	飛行日 Day of Operation	啟程-到達 Dep-Arr	機型 A/C	飛行時間 Flight Time 適用期間 Period of Service
上海浦東 SHANGHAI PUDONG → 桃園 TAIPEI TAOYUAN				2h05m~2h10m
CI 502	1234567	12:05-14:15	77W	-
CI 504	1234567	19:50-22:00	77W/744	-
CI 506	····5··	20:50-22:55	333	-
CI 8000 (MU5007)	1234567	12:15-14:00	333/773	-
CI 8002 (MU5005)	1·34567	15:45-17:40	321	-
CI 8502 (CZ3095)	1234567	13:45-16:50	321	-
北京首都 BEIJING CAPITAL → 桃園 TAIPEI TAOYUAN				3h20m
CI 512	1·3·5··	12:25-15:45	77W/744	-
CI 518	·2·4·67	20:25-23:45	744	-
廣州 GUANGZHOU → 桃園 TAIPEI TAOYUAN				2h05m
CI 522	12·456·	17:30-19:35	744	-
CI 8522 (CZ3097)	1234567	11:20-13:30	330	-
深圳 SHENZHEN → 桃園 TAIPEI TAOYUAN				1h40m
CI 528	1·345·7	18:45-20:25	744/77W	-
CI 8528 (CZ3087)	1·34567	10:25-12:25	330	-
無錫 WUXI → 桃園 TAIPEI TAOYUAN				2h15m
CI 510	····5·7	19:25-21:40	333/738	-
CI 510	·2·4···	20:10-22:25	738/333	-
CI 8610 (IT130)	1·3··6·	20:00-22:15	738/333	-
CI 8014 (MU2931)	1·3·5·7	14:45-16:55	320	-
海口 HAIKOU → 桃園 TAIPEI TAOYUAN				2h15m
CI 524	1·3·5··	19:05-21:20	738	-
三亞 SANYA → 桃園 TAIPEI TAOYUAN				2h35m
CI 526	···4··7	10:40-13:15	738	-
青島 QINGDAO → 桃園 TAIPEI TAOYUAN				2h25m
CI 532	··3··6·	12:25-14:50	333/738	-
CI 8010 (MU2041)	····5··	10:00-12:55	320	-
大連 DALIAN → 桃園 TAIPEI TAOYUAN				2h55m
CI 8504 (CZ3013)	··3···7	16:30-19:25	321	-
武漢 WUHAN → 桃園 TAIPEI TAOYUAN				2h35m
CI 542	1······	18:50-21:25	333/738	-
CI 8012 (MU2087)	1··4···	15:25-17:40	73H	-
CI 8542 (CZ3015)	····5··	14:20-16:55	738	-

13

台湾と中国本土をつなぐ路線を掲載したページ。かつて両者は敵対関係にあり、台湾の航空機には航空保安官が搭乗し、大陸へと乗っ取られるのを阻止していた。こういったことを知る人間からすると隔世の感がある。

※時刻表の内容は実際とは必ずしも一致しません

その他のさまざまな時刻表（日本）

時刻表

天草⇔福岡 間

天草 AMAKUSA ▶ 福岡 FUKUOKA ▶ 天草 AMAKUSA

便名	出発	到着	便名	出発	到着
101	07:50	08:30	102	09:00	09:35
105	15:40	16:20	106	16:50	17:25
107	17:55	18:35	108	19:05	19:40

天草⇔熊本 間

天草 AMAKUSA ▶ 阿蘇くまもと KUMAMOTO ▶ 天草 AMAKUSA

便名	出発	到着	便名	出発	到着
201	10:10	10:30	202	14:45	15:10

熊本⇔大阪（伊丹）間

阿蘇くまもと KUMAMOTO ▶ 大阪（伊丹） OSAKA ▶ 阿蘇くまもと KUMAMOTO

便名	出発	到着	便名	出発	到着
801	10:55	12:10	802	12:50	14:20

天草⇔大阪（伊丹）間

天草 AMAKUSA ▶ 大阪（伊丹） OSAKA ▶ 天草 AMAKUSA

便名	出発	到着	便名	出発	到着
201 801	10:10 熊10:30 本10:55	12:10	802 202	12:50 熊14:20 本14:45	15:10

天草⇔大阪は熊本空港経由での運航となります。

ANA Cargo 国際線・国内線貨物時刻表 INTERNATIONAL TIMETABLE

国内接続便／JAPAN

輸出貨物用／Outbound (from Japan)

FUK	KIX	NH 8036	RFS	19:00	▶	07:0
	KKJ	NH 8034	RFS	18:00	▶	19:
		NH 8038	RFS	21:00	▶	22:
HND	NRT	NH 8064	RFS	05:00	▶	07:
		NH 8048	RFS	12:00	▶	14:
		NH 8068	RFS	14:00	▶	16:
		NH 8060	RFS	16:45	▶	18:
HND	NRT	NH 8046	RFS	03:00	▶	05:
		NH 8042	RFS	10:00	▶	12:
		NH 8092	RFS	17:30	▶	19:
KIX	HND	NH 8020	RFS	02:00	▶	12:
		NH 8040	RFS	22:00	▶	08:0
	NRT	NH 8030	RFS	01:00	▶	12:
		NH 8004	RFS	22:00	▶	09:0
NGO	HND	NH 8014	RFS	22:00	▶	05:0
	KIX	NH 8023	RFS	23:50	▶	04:5
	NRT	NH 8010	RFS	23:00	▶	07:0
NRT	HND	NH 8027	RFS	18:00	▶	20:
		NH 8047	RFS	20:00	▶	22:
		NH 8061	RFS	20:00	▶	22:
		NH 8062	RFS	02:00	▶	04:
		NH 8067	RFS	01:00	▶	03:
		NH 8059	RFS	00:30	▶	02:

JAPAN CONNECTIONS

天草エアライン

2000年に、天草飛行場開港と同時に運航を開始した航空会社。保有機材1機の小さな地方路線だが、万年赤字を解消したアイディアや経営手法から一気に注目を集めた。右の時刻表を見ながら、1機の飛行機が地図上を一筆書きのように飛ぶ様子を追ってみるのもよいだろう。

ソラシドエア

宮崎県に拠点を置くソラシドエアの時刻表。東京 - 宮崎便を中心に、鹿児島、長崎、大分、熊本など九州各地と東京を結んでいる。

ソラシドエア 時刻表 2019.10/27〜2020.3/28

東京（羽田） TOKYO (HANEDA) → 宮崎 MIYAZAKI → 東京（羽田） TOKYO (HANEDA)

51	06:40	08:30	52	07:35	09:05
53	08:05	09:55	54	10:35	12:05
55	09:40	11:30	56	12:00	13:30
57	12:00	13:50	58	14:25	15:55
59	14:30	16:20	60	16:50	18:25
61	17:05	19:00	62	18:35	20:10
63	19:05	21:00	64	19:35	21:10

東京（羽田） TOKYO (HANEDA) → 熊本 KUMAMOTO → 東京（羽田） TOKYO (HANEDA)

11	07:10	09:10	12	07:35	09:15
13	12:05	14:05	14	09:45	11:20
15	14:05	16:00	16	14:45	16:20
17	16:30	18:25	18	16:30	18:05
21	19:05	21:00	22	18:55	20:25

Various Timetable

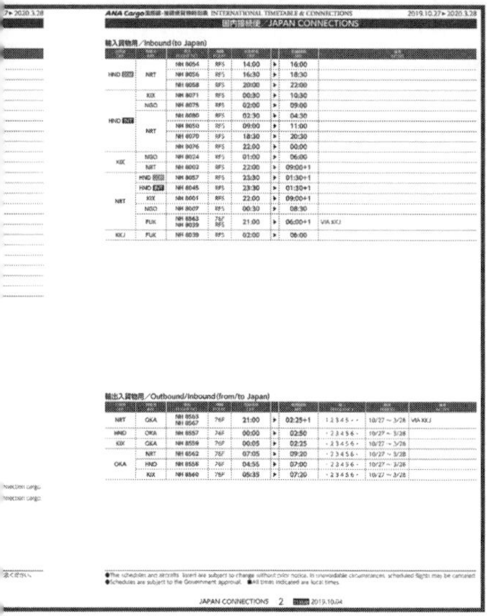

ANA Cargo国際線・接続便貨物時刻表 INTERNATIONAL TIMETABLE & CONNECTIONS　2019.10.27► 2020.3.28

国内接続便／JAPAN CONNECTIONS

輸入貨物用／Inbound (to Japan)

HND	NRT	NH 8054	RFS	14:00	►	16:00	
		NH 8056	RFS	16:30	►	18:30	
		NH 8058	RFS	20:00	►	22:00	
HND	KIX	NH 8071	RFS	00:30	►	10:30	
	NGO	NH 8075	RFS	02:00	►	09:00	
	NRT	NH 8080	RFS	02:30	►	04:30	
		NH 8050	RFS	09:00	►	11:00	
		NH 8070	RFS	18:30	►	20:30	
		NH 8076	RFS	22:00	►	00:00	
KIX	NGO	NH 8024	RFS	01:00	►	06:00	
	NRT	NH 8003	RFS	22:00	►	09:00+1	
NRT	HND	NH 8057	RFS	23:30	►	01:30+1	
	HND	NH 8045	RFS	23:30	►	01:30+1	
	KIX	NH 8001	RFS	22:00	►	09:00+1	
	NGO	NH 8007	RFS	00:30	►	08:30	
	FUK	NH 8563 NH 8039	76F RFS	21:00	►	06:00+1	VIA KKJ
KKJ	FUK	NH 8039	RFS	02:00	►	06:00	

輸出入貨物用／Outbound/Inbound (from/to Japan)

NRT	OKA	NH 8563 NH 8567	76F	21:00	►	02:25+1	1 2 3 4 5 · ·	10/27 ～ 3/28	VIA KKJ
HND	OKA	NH 8557	76F	00:00	►	02:50	· 2 3 4 5 6 ·	10/27 ～ 3/28	
KIX	OKA	NH 8559	76F	00:05	►	02:25	· 2 3 4 5 6 ·	10/27 ～ 3/28	
OKA	NRT	NH 8562	76F	07:05	►	09:20	· 2 3 4 5 6 ·	10/27 ～ 3/28	
	HND	NH 8558	76F	04:55	►	07:00	· 2 3 4 5 6 ·	10/27 ～ 3/28	
	KIX	NH 8560	76F	05:35	►	07:20	· 2 3 4 5 6 ·	10/27 ～ 3/28	

●Schedules are subject to the Government approval.　●All times indicated are local times.

JAPAN CONNECTIONS　2　2019.10.04

ANA Cargo

2014 年から営業を開始した貨物の事業会社。貨物専用機のボーイング 767 のほか、777 や 787 の貨物スペースを運用し、成田–羽田間の一部は NCA のジャンボをチャーターしている。

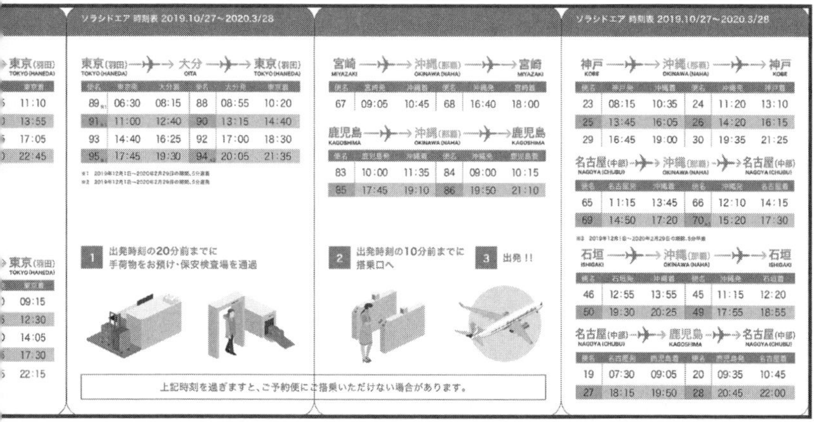

ソラシドエア 時刻表 2019.10/27～2020.3/28

東京(羽田) TOKYO (HANEDA) → 大分 OITA → 東京(羽田) TOKYO (HANEDA)

便名	東京発	大分着	便名	大分発	東京着
89※1	06:30	08:15	88	08:55	10:20
91※2	11:00	12:40	90	13:15	14:40
93	14:40	16:25	92	17:00	18:30
95※2	17:45	19:30	94※2	20:05	21:35

宮崎 MIYAZAKI → 沖縄(那覇) OKINAWA (NAHA) → 宮崎 MIYAZAKI

便名	宮崎発	沖縄着	便名	沖縄発	宮崎着
67	09:05	10:45	68	16:40	18:00

鹿児島 KAGOSHIMA → 沖縄(那覇) OKINAWA (NAHA) → 鹿児島 KAGOSHIMA

便名	鹿児島発	沖縄着	便名	沖縄発	鹿児島着
83	10:00	11:35	84	09:00	10:15
85	17:45	19:10	86	19:50	21:10

神戸 KOBE → 沖縄(那覇) OKINAWA (NAHA) → 神戸 KOBE

便名	神戸発	沖縄着	便名	沖縄発	神戸着
23	08:15	10:35	24	11:20	13:10
25	13:45	16:05	26	14:20	16:15
29	16:45	19:00	30	19:35	21:25

名古屋(中部) NAGOYA (CHUBU) → 沖縄(那覇) OKINAWA (NAHA) → 名古屋(中部) NAGOYA (CHUBU)

便名	名古屋発	沖縄着	便名	沖縄発	名古屋着
65	11:15	13:45	66	12:10	14:15
69	14:50	17:20	70※3	15:20	17:30

石垣 ISHIGAKI → 沖縄(那覇) OKINAWA (NAHA) → 石垣 ISHIGAKI

便名	石垣発	沖縄着	便名	沖縄発	石垣着
46	12:55	13:55	45	11:15	12:20
50	19:30	20:25	49	17:55	18:55

名古屋(中部) NAGOYA (CHUBU) → 鹿児島 KAGOSHIMA → 名古屋(中部) NAGOYA (CHUBU)

便名	名古屋発	鹿児島着	便名	鹿児島発	名古屋着
19	07:30	09:05	20	09:35	10:45
27	18:15	19:50	28	20:45	22:00

1 出発時刻の20分前までに手荷物をお預け・保安検査場を通過

2 出発時刻の10分前までに搭乗口へ

3 出発!!

上記時刻を過ぎますと、ご予約便にご搭乗いただけない場合があります。

その他のさまざまな時刻表（海外）

デルタ航空

アメリカのアトランタに本拠地を置く航空会社。ノースウエスト航空と合併後、ボーイング 747 や A330 も保有し、機材の種類の多さは随一で、それは時刻表にもよく表われている。

September 1st, 2018 - October 15th, 2018　DELTA

Worldwide Timetable

From Asheville/Hendersonville (AVL) Asheville Regional Airport (continued).	Validity		Depart	Arrive	Frequency	Flight	Aircraft	Stops	Duration
To Atlanta (ATL) (cont.) Hartsfield-Jackson International Airport	Sep-3	Sep-21	AVL 4:26p	ATL 5:34p	1 2 3 4 5 7	DL0738	717	0	1h 08m
	Sep-24	Sep-30	AVL 4:28p	ATL 5:34p	1 2 3 4 5 7	DL0738	717	0	1h 06m
	-	Sep-8	AVL 5:00p	ATL 6:08p	6	DL1090	717	0	1h 08m
	Sep-15	Sep-29	AVL 5:00p	ATL 6:08p	6	DL5595*	CR7	0	1h 08m
						Operated By ExpressJet Dba Delta Connection			
	Oct-6	-	AVL 5:46p	ATL 6:54p	6	DL3731*	CRJ	0	1h 08m
						Operated By SkyWest Dba Delta Connection			
	Oct-2	-	AVL 6:00p	ATL 7:09p	2	DL0778	717	0	1h 09m
	Oct-1	Oct-11	AVL 6:00p	ATL 7:11p	1 3 4 7	DL0778	717	0	1h 11m
	Oct-12	-	AVL 6:00p	ATL 7:11p	1 5 7	DL0778	717	0	1h 11m
	Sep-3	Sep-14	AVL 6:06p	ATL 7:15p	1 2 3 4 5 7	DL3652*	CRJ	0	1h 09m
						Operated By SkyWest Dba Delta Connection			
	Sep-17	Sep-30	AVL 6:06p	ATL 7:15p	1 2 3 4 5 7	DL3652*	CRJ	0	1h 09m
						Operated By SkyWest Dba Delta Connection			
	Sep-16	Sep-16	AVL 6:07p	ATL 7:15p	7	DL5552*	CR7	0	1h 08m
						Operated By ExpressJet Dba Delta Connection			
From Aspen (ASE) Pitkin County Airport	**Validity**		**Depart**	**Arrive**	**Frequency**	**Flight**	**Aircraft**	**Stops**	**Duration**
To Los Angeles (LAX)	-	Sep-1	ASE 2:56p	LAX 4:09p	6	DL4131*	CR7	0	2h 13m
						Operated By SkyWest Dba Delta Connection			
To Salt Lake City (SLC) Salt Lake City International Airport	Sep-4	Sep-4	ASE 7:00a	SLC 8:06a	2	DL3567*	CR7	0	1h 06m
						Operated By SkyWest Dba Delta Connection			
	-	Sep-10	ASE 7:00a	SLC 8:09a	1 3 4 5 6 7	DL3567*	CR7	0	1h 09m
						Operated By SkyWest Dba Delta Connection			
	Sep-11	Sep-30	ASE 7:00a	SLC 8:09a	1 2 3 4 5 6 7	DL3567*	CR7	0	1h 09m
						Operated By SkyWest Dba Delta Connection			
	Oct-1	-	ASE 7:00a	SLC 8:18a	1 2 3 4 5 6 7	DL3567*	CR7	0	1h 18m
						Operated By SkyWest Dba Delta Connection			
	-	Sep-30	ASE 1:04p	SLC 2:14p	1 2 3 4 5 6 7	DL3043*	CR7	0	1h 10m
						Operated By SkyWest Dba Delta Connection			
	Oct-1	-	ASE 1:05p	SLC 2:25p	1 2 3 4 5 6 7	DL3595*	CR7	0	1h 20m
						Operated By SkyWest Dba Delta Connection			
From Athens (ATH) Eleftherios Venizelos Airport	**Validity**		**Depart**	**Arrive**	**Frequency**	**Flight**	**Aircraft**	**Stops**	**Duration**
To New York (NYC) JFK - John F. Kennedy International Airport	-	Sep-30	ATH 11:40a	JFK 3:45p	1 2 3 4 5 6 7	DL0213	333	0	11h 05m
	Oct-1	Oct-1	ATH 11:40a	JFK 3:50p	1	DL0213	764	0	11h 10m
	Oct-2	-	ATH 11:40a	JFK 3:52p	1 2 3 4 5 6 7	DL0213	764	0	11h 12m
	-	Sep-1	ATH 2:15p	JFK 6:20p	6	DL0214	333	0	11h 05m
	Sep-2	Sep-10	ATH 2:15p	JFK 6:38p	1 2 3 4 5 6 7	DL0214	76W	0	11h 23m
To Salt Lake City (SLC) Salt Lake City International Airport	Oct-6	-	ATH 11:40a	SLC 10:53p	6	DL0213	764	1	20h 13m
	Oct-1	Oct-1	ATH 11:40a	SLC 10:57p	1	DL0213	764	1	20h 17m
	Oct-2	Oct-11	ATH 11:40a	SLC 10:57p	1 2 3 4 5	DL0213	764	1	20h 17m

www.delta.com　1-MONDAY 2-TUESDAY 3-WEDNESDAY 4-THURSDAY 5-FRIDAY 6-SATURDAY 7-SUNDAY　Page 16

エミレーツ航空

アラブ首長国連邦のドバイを本拠地とする航空会社。巨大機 A380 を多く所有しているのが、時刻表からもよく分かる。

Days/ Validity		Depart		Arrive		Flight No.	Acft	Stp
From Bangkok (BKK) Continued								
To Paris (PAR) Continued								
Daily		0930	BKK	1300	DXB	EK375	380/FJY	0
To	01Jun	1440	DXB	2000	CDG	EK075	380/FJY	0
Daily		0955	BKK	1300	DXB	EK375	380/FJY	0
From	02Jun	1440	DXB	2000	CDG	EK075	380/FJY	0
234567		2105	BKK	0050+	DXB	EK373	380/JY	0
To	31May	0405+	DXB	0925+	CDG	EK071	380/FJY	0
234567		2125	BKK	0050+	DXB	EK373	380/JY	0
From	01Jun	0405+	DXB	0925+	CDG	EK071	380/FJY	0
To Phnom Penh (PNH)								
Daily		0610	BKK	0725	PNH	EK4571→	EQV/Y	0
Daily		0815	BKK	0930	PNH	EK4562→	EQV/Y	0
Daily		1115	BKK	1230	PNH	EK4570→	EQV/Y	0
Daily		1340	BKK	1455	PNH	EK4564→	EQV/Y	0
Daily		1720	BKK	1835	PNH	EK4566→	EQV/Y	0
Daily		2130	BKK	2245	PNH	EK4568→	EQV/Y	0
To Phuket (HKT)								
Daily		0625	BKK	0750	HKT	EK4552→	EQV/Y	0
Daily		0805	BKK	0930	HKT	EK4518→	EQV/Y	0
Daily		0850	BKK	1015	HKT	EK4530→	EQV/Y	0
Daily		1000	BKK	1125	HKT	EK4522→	EQV/Y	0
Daily		1225	BKK	1350	HKT	EK4520→	EQV/Y	0
Daily		1655	BKK	1820	HKT	EK4524→	EQV/Y	0
Daily		1945	BKK	2110	HKT	EK4526→	EQV/Y	0
To Prague (PRG)								
Daily		0330	BKK	0655	DXB	EK419◆	380/FJY	0
		0835	DXB	1300	PRG	EK139	380/JY	0
To Rio De Janeiro (RIO)								
Daily		0115	BKK	0445	DXB	EK385	380/JY	0
To	01Jun	0710	DXB	1430	GIG	EK247	77W/FJY	0
Daily		0220	BKK	0535	DXB	EK371	77W/FJY	0
To	04May	0710	DXB	1430	GIG	EK247	77W/FJY	0
Daily		0225	BKK	0535	DXB	EK371	77W/FJY	0
From	02Jun	0710	DXB	1430	GIG	EK247	77W/FJY	0
To Riyadh (RUH)								
Daily		0115	BKK	0445	DXB	EK385	380/JY	0
To	01Jun	0655	DXB	0750	RUH	EK819	77W/FJY	0
Daily		0220	BKK	0535	DXB	EK371	77W/FJY	0
To	04May	0655	DXB	0750	RUH	EK819	77W/FJY	0
Daily		0225	BKK	0535	DXB	EK371	77W/FJY	0
From	02Jun	0655	DXB	0750	RUH	EK819	77W/FJY	0
Daily		0930	BKK	1300	DXB	EK375	380/FJY	0
To	01Jun	1850	DXB	1935	RUH	EK817	77W/FJY	0
Daily		0955	BKK	1300	DXB	EK375	380/FJY	0
From	02Jun	1850	DXB	1935	RUH	EK817	77W/FJY	0
Daily		1540	BKK	1900	DXB	EK377	380/JY	0
To	31May	0125+	DXB	0225+	RUH	EK815	77W/FJY	0
Daily		1550	BKK	1900	DXB	EK377	380/JY	0
From	01Jun	0125+	DXB	0225+	RUH	EK815	77W/FJY	0
To Rome (ROM)								
Daily		0330	BKK	0655	DXB	EK419◆	380/FJY	0
		0910	DXB	1325	FCO	EK097	380/FJY	0
Daily		0930	BKK	1300	DXB	EK375	380/FJY	0
To	01Jun	1545	DXB	2005	FCO	EK095	77W/FJY	0
Daily		0955	BKK	1300	DXB	EK375	380/FJY	0
From	02Jun	1545	DXB	2005	FCO	EK095	77W/FJY	0
Daily		2105	BKK	0050+	DXB	EK373	380/JY	0
To	05May	0320+	DXB	0725+	FCO	EK099	77W/FJY	0
Daily		2125	BKK	0050+	DXB	EK373	380/JY	0
From	06Jun	0320+	DXB	0725+	FCO	EK099	77W/FJY	0
To St. Petersburg (LED)								
Daily		0930	BKK	1300	DXB	EK375	380/FJY	0
To	01Jun	1545	DXB	2050	LED	EK175	77W/FJY	0
Daily		0955	BKK	1300	DXB	EK375	380/FJY	0
From	02Jun	1545	DXB	2050	LED	EK175	77W/FJY	0
To San Francisco (SFO)								
Daily		0330	BKK	0655	DXB	EK419◆	380/FJY	0
		0910	DXB	1400	SFO	EK225	380/FJY	0
To Santiago (SCL)								
24567		0330	BKK	0655	DXB	EK419◆	380/FJY	0
From	12Aug	0905	DXB	2240	SCL	EK263	77L/JY	1
24567		0330	BKK	0655	DXB	EK419◆	380/FJY	0
05Jul-11Aug		0905	DXB	2140	SCL	EK263	77L/JY	1
From Bangkok (BKK) Continued								
To Sao Paulo (SAO)								
Daily		0330	BKK	0655	DXB	EK419◆	380/FJY	0
		0800	DXB	1555	GRU	EK261	380/FJY	0
To Seattle (SEA)								
Daily		0330	BKK	0655	DXB	EK419◆	380/FJY	0
		0830	DXB	1150	SEA	EK229	77W/FJY	0
To Seychelles (SEZ)								
1234		0330	BKK	0655	DXB	EK419◆	380/FJY	0
To	02May	0855	DXB	1335	SEZ	EK707	77W/FJY	0
1234		0330	BKK	0655	DXB	EK419◆	380/FJY	0
From	13Jun	0855	DXB	1335	SEZ	EK707	77W/FJY	0
567		0330	BKK	0655	DXB	EK419◆	380/FJY	0
		0855	DXB	1335	SEZ	EK707	77W/FJY	0
Daily		2105	BKK	0050+	DXB	EK373	380/JY	0
To	31May	0210+	DXB	0645+	SEZ	EK705	77W/FJY	0
Daily		2125	BKK	0050+	DXB	EK373	380/JY	0
From	01Jun	0210+	DXB	0645+	SEZ	EK705	77W/FJY	0
To Siem Reap (REP)								
Daily		0800	BKK	0910	REP	EK4592→	EQV/Y	0
Daily		1035	BKK	1145	REP	EK4594→	EQV/Y	0
Daily		1405	BKK	1515	REP	EK4600→	EQV/Y	0
Daily		1740	BKK	1845	REP	EK4596→	EQV/Y	0
Daily		1845	BKK	1955	REP	EK4598→	EQV/Y	0
To Singapore (SIN)								
Daily		0925	BKK	1250	SIN	EK7718→	EQV/Y	0
Daily		1250	BKK	1615	SIN	EK7722→	EQV/Y	0
Daily		2120	BKK	0045+	SIN	EK7720→	EQV/Y	0
To Stockholm (STO)								
Daily		0330	BKK	0655	DXB	EK419◆	380/FJY	0
		0840	DXB	1310	ARN	EK157	77W/FJY	0
567		0930	BKK	1300	DXB	EK375	380/FJY	0
To	15Apr	1500	DXB	1930	ARN	EK155	77W/FJY	0
Daily		0955	BKK	1300	DXB	EK375	380/FJY	0
From	01Jul	1500	DXB	1930	ARN	EK155	77W/FJY	0
To Sukhothai (THS)								
Daily		0700	BKK	0820	THS	EK4474→	EQV/Y	0
Daily		1600	BKK	1720	THS	EK4476→	EQV/Y	0
To Sydney (SYD)								
Daily		1810	BKK	0625+	SYD	EK5024→	EQV/JY	0
Daily		2000	BKK	0740+	SYD	EK418◆	380/FJY	0
To Tehran (THR)								
Daily		0115	BKK	0445	DXB	EK385	380/JY	0
To	01Jun	0745	DXB	1025	IKA	EK971◆	77W/FJY	0
Daily		0220	BKK	0535	DXB	EK371	77W/FJY	0
To	04May	0745	DXB	1025	IKA	EK971◆	77W/FJY	0
Daily		0225	BKK	0535	DXB	EK371	77W/FJY	0
From	02Jun	0745	DXB	1025	IKA	EK971◆	77W/FJY	0
Daily		0930	BKK	1300	DXB	EK375	380/FJY	0
To	01Jun	1500	DXB	1740	IKA	EK979◆	77W/FJY	0
Daily		0955	BKK	1300	DXB	EK375	380/FJY	0
From	02Jun	1500	DXB	1740	IKA	EK979◆	77W/FJY	0
Daily		1540	BKK	1900	DXB	EK377	380/JY	0
To	31May	2045	DXB	2325	IKA	EK977◆	77W/FJY	0
Daily		1550	BKK	1900	DXB	EK377	380/JY	0
From	01Jun	2045	DXB	2325	IKA	EK977◆	77W/FJY	0
To Toronto (YTO)								
136		0330	BKK	0655	DXB	EK419◆	380/FJY	0
To	30May	0955	DXB	1555	YYZ	EK241	380/FJY	0
4		2105	BKK	0050+	DXB	EK373	380/JY	0
31May-31May		0330+	DXB	0930+	YYZ	EK241	380/FJY	0
247		2125	BKK	0050+	DXB	EK373	380/JY	0
From	03Jun	0330+	DXB	0930+	YYZ	EK241	380/FJY	0
To Trat (TDX)								
Daily		0830	BKK	0930	TDX	EK4534→	EQV/Y	0
Daily		1140	BKK	1240	TDX	EK4536→	EQV/Y	0
Daily		1700	BKK	1800	TDX	EK4538→	EQV/Y	0
To Tunis (TUN)								
Daily		0330	BKK	0655	DXB	EK419◆	380/FJY	0
		0900	DXB	1225	TUN	EK747	77W/FJY	0
To Venice (VCE)								
Daily		0330	BKK	0655	DXB	EK419◆	380/FJY	0
		0905	DXB	1325	VCE	EK135	77W/JY	0
To Vienna (VIE)								
Daily		0330	BKK	0655	DXB	EK419◆	380/FJY	0
		0855	DXB	1255	VIE	EK127	380/FJY	0

→ Operated by Emirates (Refer General Notes) → Operated by an Emirates Partner airline (Refer General Notes) Operated by SNCF ◆ Refer General Notes	1-Monday 5-Friday 2-Tuesday 6-Saturday 3-Wednesday 7-Sunday 4-Thursday	+ - Next Day +2 - 2 Days Later +3 - 3 Days Later	For Airport abbreviations go to pages 505-509

43

oneworld

航空会社の連合組織である航空連盟。その時刻表というのも存在する。航空連盟の一つである oneworld（ワンワールド）は、アメリカン航空やカンタス航空などとともに JAL も含め、17 の航空会社が加盟している。以前は、数千ページものボリュームの時刻表を作成していたが、現在は oneworld のホームページで出発地と目的地を入力して検索するように変更されたようだ。

出発地と目的地を入力すると、検索結果がいくつかヒットする。利用する航空会社、所要時間、マイルなどが表示される。経由地により到着時間にずいぶん差が出てくるのが分かる。

本書で使われている航空用語の解説

APU

補助動力装置。航空機に空気圧、油圧、電力などを供給するため、推進用エンジンとは別に装備された動力装置。主に地上停留時に稼働させる。747ではガスタービンエンジンを装備しており、胴体尾部にAPUの排気管がある。

ATC（Air Traffic Control）

①航空交通管制の総称。②管制機関。パイロットや管制官がATCという用語を使う場合は、管制官からの指示を含む会話全体を指す。

ETOPS（Extended Range Operations by Aeroplanes with Two-Turbine Power-Units）

双発民間旅客機が、洋上及び砂漠上を飛行する際、エンジン1基不作動で無風時に着陸可能飛行場から60分飛行可能な範囲を超えて予定飛行ルートを選定する運航で、180分の飛行距離を超えない「180分ETOPS」のように時間の制限を伴う基準。

ETP

飛行時間における中間点。出発空港をA、目的空港をBとしたとき、A-B間のある点において、そこからそのままBまで飛行する時間と、Aへの引き返しに要する飛行時間が同じになる地点をいう。あくまで飛行時間での中間であって、距離の中間地点ではない。

FIX

日本語でフィックス。地表の目視、無線施設の利用、天測航法その他の方法によって得られる地理上の特定の位置。

FMS

フライト・マネジメント・システム。離陸から着陸までの全飛行領域にわたって飛行管理（航法・操縦・推力調整・誘導など）を自動的に行うシステム。

GPS（Global Positioning System）

米国国防省が管理、運営し、民間航空にも供用されている、航法衛星からの電波によって位置（および高度）を特定するシステム。このシステムによる位置および時間に基づいて航法を行うことができる。GPS は航法のほかに、船舶、車両の航法、土地測量などの目的にも使用され、身近な例ではカーナビやスマホでの実用化がある。

ILS（Instrument Landing System）

旅客機が計器飛行方式で進入する方式は精密進入（precision approach）と非精密進入（non-precision approach）に分けられる。ILS は前者にあたり、コースとグライドパスの情報により、接地点をめざして一定の降下角で進入を行うもので、日本ではカテゴリーにより次の施設で構成されている。①カテゴリーⅠ：a) ローカライザー／b) グライドスロープ／c) アウターマーカー（またはこれに代わるフィックス）。②カテゴリーⅡ、カテゴリーⅢ：カテゴリーⅠの施設の他に f）設置帯灯／滑走路中心線灯／g）透過率計（滑走路視距離測定器）／h）インナーマーカー（必要な場合）。

INS（Inertial Navigation System）

「慣性航法装置」。ジャイロ、精密加速度計およびコンピュータを組み合わせた慣性航法装置、「イナーシャル」と略して言うこともある。他の航法援助施設に頼らず、かなりの高い精度で長距離を正確に飛行し目的の空港に着陸することができる。大型機では「フェールセーフ（安全性確保）」の点から通常3基（台）装備され、相互比較により信頼性を高めている。ボーイング747から本格的に導入された。

IRS（Intertial Refernce System）

INSと同様の慣性航法装置であるが、「慣性基準航法装置」。INSの機械式ジャイロではなく、故障の少ないレーザージャイロを使用している。航法精度およびシステムの概要はINSとほぼ同じである。現代のハイテク機ではこのIRSが航法の基本計器となっている。

JEPPESEN CHART

航空図と航空情報のことで、正式にはJeppesen Air Manual。アメリカ人パイロットのジェプセン機長が1934年に作成した地図が基になっている。今や世界の多くのパイロットが使っている。

NDB（Non Directional Radio Beacon）

無指向性無線標識。195〜415kHzの無指向性電波を発する無線局。機上の方向探知機によって無線局からのベアリングまたは無線局へのコースを知り、その局に向かってホーミングしたりあるいは局からアウトバウンドすることができる。無線局がILSのマーカーと結合して設置されている場合、通常コンパスロケーターとよばれる。

NM

ノーティカルマイルの略で1NMは1852m。航海や航空距離などを表す単位で海里とも呼ばれる。

NOPAC

北太平洋経路。主にアメリカ東海岸への東向き飛行で使用される航空経路。北から平行に50海里の間隔をおいて、5本設定されている。

NOTAM（Notice to Airmen）

航空局が発行する航空機の運航に必要な情報の一種で、テレタイプ回線により配布される航空関係施設、業務、方式、及び危険などに係る設定、状態または変更等に関する情報で時宜を得た提供が運航関係者にとって不可欠なもの。

PACOTS（Pacific Organized Track System）

太平洋地域の空域の有効利用を目的に、日本-北米間、日本-ハワイ間および東南アジア－北米間の航空交通のために日単位で設定される経路及びその利用方法をいう。経路は太平洋の両側の出入点（Gateway）間に日々設定される可変経路及びこれに接続する洋上転移経路または航空路により構成される。

RNAV（AREA NAVIGATION）

エリアナビゲーション、広域航法。通称「アールナブ」と呼ばれている。地上無線施設の受信装置、自蔵航法装置もしくは衛星航法装置、またはこれらを組み合わせることによって、任意のルートを飛行する航法概念のこと。航法支援施設の新設なしに直行ルート、平行ルートまたは迂回ルートなどの設定が可能になる。これにより空域の有効利用と円滑な航空交通の流れを確保でき、管制の運用の柔軟性､運航費用の軽減が可能になる近未来の航法。

RNP（Required Navigation Performance）

特定空域内における飛行において必要とされる航法要件で、航空機の航法精度などの性能要件やFMSなどに求められる機能要件で構成される。例えば、RNP4は全飛行時間の95%における進行方向に対する横方向の航法誤差が±4マイル以内となる航法精度及びその他の航法性能並びに航法機能要件が規定される航法をいう。また、ICAOマニュアル（Doc9613）では、機上装置が航法性能等を監視し必要とされる航法要件を満足しなくなったら、パイロットに警報を発する機能を必要とするRNAVをRNPと分類し､監視と警報を必要としないRNAVとは区別されている。

RVSM（Reduced Vertical Separation Minimum）

FI290以上FL410以下の空域においても1,000ftの垂直間隔を適用する方式。原則としてRVSM適合機（独立した2系統の高度測定装置、自動高度維持装置、および高度監視警報装置を装備した機体）のみの飛行に承認されている。

SID（STANDARD INSTRUMENT DEPARTURE）

「標準計器出発方式」。IFR（計器飛行方式）により飛行する出発機が障害物を避け、秩序よく上昇するために設定された飛行経路であって、旋回方向、高度等を規定した飛行の方法。

STAR（STANDARD TERMINAL ARRIVAL ROUTE）

「標準到着経路」。IFR（計器飛行方式）で飛行する到着機が、航空路から着陸飛行場の進入フィックスまで秩序よく降下するために設定された飛行経路。

TAXI（TAXIING）

航空機が自力で飛行場の地表面を移動すること（離着陸を除く）。ヘリコプターでは一定の高さで地上滑走に準ずる速度で行う飛行場面上の運航（エアタクシー）を含む。管制方式基準では、TAXIINGを「地上走行」と呼んでいる。

VOR（VHF Ommi Directional Radio Range）

VHFを使用した無線標識。方位によって位相の変化する信号と、全方向同位相の信号を同時に超短波で発射する地上局である。航空機はこの2種類の信号の位相差によって地上局からの磁方位（RADIAL）を知ることができる。この方位誤差は通常2.5°以内で、中波を使用する無指向性無線標識（NDB）に比べて精度が良く、信頼性にすぐれている。

WAYPOINT

①一般には、経路、計器進入方式または位置通報のために前もって定められた無線施設からの相対的位置または緯度／経度で表示された地理上の地点。②「飛行方式設定基準」では「WGS84座標系で表わされRNAVによる経路設定のために使用される地理上の点であって次のものをいう」と定義されている。a）Fly-by waypoint：次の経路へ転移するための旋回を、当該地点の手前から開始することが規定された地点。b）Fly-over waypoint：次の経路へ転移するための旋回を、当該地点の直上から開始することが規定された地点。略して「WPT」と表示することが多い。

【参考資料】

国土交通省監修「AIM（Aeromautical Information Manual Japan）」

おわりに

結局、「飛行機ダイヤ」とはどんなものなのか。整理するとタイムテーブル（時刻表）に書かれた出発時刻と到着時刻は「目標」であり、毎フライトごとに結果は変わる性格のものである。この点が鉄道やバスの世界では少なくとも始発駅では定時出発が当たり前になっている点と違うところであろう。そして世界各国の航空会社でも夏期ダイヤと冬期ダイヤとで年に２回のダイヤ改正があることである。その理由は常夏の国では季節を通して風の影響がなくても、海外から乗り入れてくる各国の国際線の夏期ダイヤと冬期ダイヤに合わせる必要があるからだ。一般的に航空機はほぼ定刻に出発し、10～15分のTAXI時間で離陸ができれば、この夏期と冬期のダイヤ通りの運航ができて、ほぼ定刻に目的地へ到着できるものである。この中にあって日本は、地球の中緯度帯に属し、季節による自然現象の多様さと偏西風の影響を常に受ける地理的条件下にある。それは日本列島の地形から国内線であっても同じである。日本発着の飛行機ダイヤはこの偏西風の影響が最も大きく、他に空港の混雑度、ATCクリアランスの発出時刻やその内容によって、毎回のフライトごとに正味の飛行時間とブロックタイムが変わってくる。

しかしスムーズな運航に障害や制限を与えるこれらの諸要素があってもパイロットの応用操作やテクニックで一定程度飛行時間やブロックタイムを短縮できる方法があるのは本文でも説明したとおりである。その度合いは鉄道やバスの運行では制限速度が細かく決められていることなどによって生じる運転士の努力の限界と比較すると遥かに大きいものであろう。ただ今日、航空機の運航はコンピューターによってマニュアル管理が進み、パイロットもマニュアル型のタイプが増えてきているのを見ていると、これから応用操作はあまり期待できないかもしれない。昨今、空港で予約システムやウエイト・エンド・バランスでコンピュータートラブルが発生すると何十便も欠航したり、大幅な遅延が発生する事態となっているが、運航管理者やパイロットは手動で搭載データを計算する代替手段があるのに、それができていない。それは人間がコンピューター社会にいったん慣れてしまうと、なかなか原点に戻って作業ができなくなってしまったことを物語っている。

しかし、このような環境の中にあってもパイロットの中には長年の経験や技術によって乗客の立場に立って何とかダイヤ通りに目的地に到着すべく真にプロフェッショナルな仕事を心がけている者もいるのも確かである。残念ながら乗客からは搭乗便がそのようなパイロットによって操縦されているかを知ることは難しく、運に身を任せているというのが正解であろう。

このような情報を理解された上で、皆様が安全でダイヤ通りに空の旅を楽しまれることを願ってやまないものである。

2016年8月2日

杉江　弘

索　引

【数字・欧文】

【ア行】

【カ行】

【サ行】

【タ行】

【ナ行】

【ハ行】

【マ行】

【ヤユヨ】

【ラ行】

「交通ブックス」の刊行にあたって

私たちの生活の中で交通は、大昔から人や物の移動手段として、重要な地位を占めてきました。交通の発達の歴史が即人類の発達の歴史であるともいえます。交通の発達によって人々の交流が深まり、産業が飛躍的に発展し、文化が地球規模で花開くようになっています。

交通は長い歴史を持っていますが、特にこの二百年の間に著しく発達し、新しい交通手段も次々に登場しています。今や私たちの生活にとって、電気や水道が不可欠であるのと同様に、鉄道やバス、船舶、航空機といった交通機関は、必要欠くべからざるものになっています。

公益財団法人交通研究協会では、このように私たちの生活と深い関わりを持つ交通について少しでも理解を深めていただくために、陸海空のあらゆる分野からテーマを選び、「交通ブックス」として、さしあたり全100巻のシリーズを、(株)成山堂書店を発売元として刊行することにしました。

このシリーズは、高校生や大学生や一般の人に、歴史、文学、技術などの領域を問わず、さまざまな交通に関する知識や情報をわかりやすく提供することを目指しています。このため、専門家だけでなく、広くアマチュアの方までを含めて、それぞれのテーマについて最も適任と思われる方々に執筆をお願いしました。テーマによっては少し専門的な内容のものもありますが、出来るだけかみくだいた表現をとり、豊富に写真や図を入れましたので、予備知識のない人にも興味を持っていただけるものと思います。

本シリーズによって、ひとりでも多くの人が交通のことについて理解を深めてくだされば幸いです。

公益財団法人交通研究協会

理事長　住田親治

著者略歴

杉江　弘（すぎえ　ひろし）
航空評論家、写真家。元日本航空機長。
1969年、慶應義塾大学卒業後、日本航空入社。DC-8、ボーイング747（ジャンボジェット）、エンブラエル170の機長として国内線とほとんどの国際線に乗務。ボーイング747の飛行時間では1万4,000時間という最長の記録を保持する。総飛行時間は2万1,000時間を超える。首相フライトなど政府要請による特別便の乗務経験も多い。著書に『高度1万メートルからの地球絶景』『マレーシア航空機はなぜ消えた』（以上、講談社）、『危ういハイテク機とLCCの真実』（扶桑社）、『ジャンボと飛んだ空の半世紀』『空のプロの仕事術』（以上、交通新聞社）、『プロフェッショナル・パイロット』『機長の絶景航路』（以上、イカロス出版）、『高度1万メートルから届いた世界の夕景・夜景』（成山堂書店）、「747ジャンボ物語」（JTBキャンブックス）、『乗ってはいけない航空会社』（双葉社）などがあり近著に『パイロットは知っている　羽田増便・都心低空飛行が危険なこれだけの理由』（合同出版社）がある。最近では、航空事故が発生するとテレビ局や新聞、週刊誌にて事故原因や再発防止について評論を行っている。写真家としては、これまでに多くの鉄道写真集を出版し、アサヒグラフ、毎日グラフ、セブンシーズなどでも世界の鉄道を紹介。近著に『蒸気機関車よ永遠に』（イカロス出版）がある。2004年には「エプサイト」で写真展を開催、1万人以上の観客数を記録する。日本エッセイストクラブ会員。
HP: http://captain-sugie.com/

交通ブックス310
飛《ひ》行《こう》機《き》ダイヤのしくみ（改訂版）　　定価はカバーに表示してあります。

2016年8月28日　初版発行
2020年6月28日　改訂初版発行
著　者　杉江　弘
発行者　公益財団法人交通研究協会
理事長　住田親治
印　刷　三和印刷株式会社
製　本　東京美術紙工協業組合

発売元　株式会社 成山堂書店
〒160-0012　東京都新宿区南元町4番51　成山堂ビル
TEL：03(3357)5861　FAX：03(3357)5867
URL　http://www.seizando.co.jp
落丁・乱丁本はお取り換えいたしますので，小社営業チーム宛にお送りください。

ISBN978-4-425-77792-1